信史流光

中国证券报三十年

徐寿松◎主编

新华出版社

图书在版编目（CIP）数据

信史流光：中国证券报三十年 / 徐寿松主编. --北京：新华出版社，2022.11

ISBN 978-7-5166-6574-9

Ⅰ. ①信… Ⅱ. ①徐… Ⅲ. ①证券业—报刊—新闻工作—概况—中国 Ⅳ. ①G219.25

中国版本图书馆CIP数据核字（2022）第224236号

信史流光：中国证券报三十年

主　　编：徐寿松

出 版 人：匡乐成　　**出版统筹：**许　新
责任编辑：徐　光　刘宏森　　**封面设计：**李尘工作室

出版发行：新华出版社
地　　址：北京市石景山区京原路 8 号　　**邮　　编：**100040
网　　址：http://www.xinhuapub.com
经　　销：新华书店、新华出版社天猫旗舰店、京东旗舰店及各大网店
购书热线：010-63077122　　**中国新闻书店购书热线：**010-63072012

照　　排：李尘工作室
印　　刷：北京九州迅驰传媒文化有限公司

成品尺寸：170mm×240mm
印　　张：13　　**字　　数：**188千字
版　　次：2022年12月第一版　　**印　　次：**2022年12月第一次印刷

书　　号：ISBN 978-7-5166-6574-9
定　　价：58.00元

《信史流光：中国证券报三十年》
编写委员会

主　编：徐寿松

副主编：丁坚铭　蔡国兆　贺慧宇

委　员：闻召林　冯　刚　于　力　张德斌
张朝晖　彭　勇　费杨生　朱义军
马朝阳　潘大鹏　孙　宏　余　喆
叶斯琦　徐　昭　胡东林　高更伟
单亿春

编　辑：吴　杰　贺　岩　李　刚　董凤斌
吕　强　殷　鹏　郭　宏　孙　涛

现实功用与历史价值

徐寿松

历史的价值并非浮现在对“过去”的追忆中，而是存在于对“过去”的回望——思索——发展中。意义是历史的风骨，当我们总结历史时，其实是在追寻作用于现实的意义。

三十年，中国证券报的创业史，中国资本市场成长的映射，中国特色社会主义市场经济建构的一个截面。中证报的价值与意义在岁月的淘洗中熠熠生辉，其时愈长，其光愈耀。

任何有品有格的媒体，首先是现实的、实践的，同时也是历史的、精神的。“做可信赖的投资顾问”、为资本市场记录书写信史的底稿，这便是中证报的事功与精神。

尚创新，善创造。20世纪九十年代初，改革春雷动，神州万象新。证券市场孕育破土，一群新华人锐意探索，中证报呱呱新生。以企业身份注册成立，中证报为常人所不敢为。“自筹资金、自找房子、自建队伍、自我发展”，探索财经报道新思路，打造媒体运营新模式，搭建市场互动新平台，记录时代发展新篇章；率先推出电子版、筹建数据库，打造基金评价第一品牌，建设蓝筹公司路演首选网站，跻身财经短视频第一阵营……三十年来，踏波时代潮流的创新精神已内生为中证报的强大基因。

大格局，大作为。立足资本市场，服务中国经济，中证报积极传递“因信心而投资，因信念而坚守，因信仰而收获”的理念，努力打造与“中”字头主流媒体相适应的新闻品格与新闻力量，呵护生长，引领预期。“中证报在宏观政策预测方面有良好记录”“看中证报社评是投资必修课”……口碑是最好的评价。三十年来，大局之下追求专业精神是驱动中证报前行的不竭动力。

可信赖，有担当。创造性助推资本市场不同时期、阶段的改革发展，中证报的远见、引领未曾辜负时代。从力挺股权分置改革，助力这场深刻改变A股市场运行逻辑的大变革平稳落地，到疾呼深化养老保险制度改革，推进养老金市场化投资运营；从二十年如一日打造“金牛”品牌，只为实体基业长青、投资专业理性立标杆，到覆盖全产业，有效对接资产端资金端的“金牛生态圈”加速形成……三十年来，服务“国之大者”的担当精神始终是中证报的鲜明品格。

历史为现实提供了丰厚的滋养。站在时光的码头，回望、远眺，时代潮流浩浩荡荡，资本市场脱胎换骨，信息传播手段日新月异。躬逢其盛，深知其艰。媒体变革，势不可阻。中证报如何开启下一个三十年？

时代问题只能到时代实践中去寻找答案。习近平总书记在致新华社建社90周年的贺信中明确要求，努力建成国际一流新型全媒体机构。作为新华社旗下的重要财经媒体，如何在全社建设国际一流新型全媒体机构的格局中，早日建成一流新型财经全媒体，更好服务资本市场功能发挥，服务实体经济，服务高质量发展，在“做多中国中做强自身”，是中证报正在作答的重大课题。

对历史的最好纪念是创造新的历史。新时代，中证报全力以赴“二次创业”，勉力实现影响力再造和商业模式再造。打造自主可控的财经资讯平台，提升面向资本市场的预期引领力、舆论引导力、价值发现力、垂直传播力，实现全媒体形态产品生产、传播、运营。立足资本市场，专注财富管理，重点建设融媒平台、投教平台、投研平台，逐步实现“资讯＋投服＋投研”的新商业模式对传统经营模式的替代。中证报建设新型财经全媒体的过程也正是实现“两个再造”的过程。

新时代，新机遇。党的二十大报告指出，中国式现代化是全体人民共同富裕的现代化，要多渠道增加城乡居民财产性收入。在全面建设社会主义现代化国家的征程中，居民可支配收入将上新台阶，居民财富管理的需求将更强。中证报将始终坚持以人民为中心的发展思想，锚定“垂直生存，跨界发展”战略，以融媒平台为载体，以数据可视化为核心，以金牛品牌为依托，深耕财富管理服务大市场。

新时代，新使命。新征程上，资本市场服务实体经济高质量发展的任务更加迫切。健全资本市场功能，提高直接融资比重，引导资本健康发展……使命光荣、重任在肩，中证报将始终牢记责任感、使命感，“信仰新时代，做多中国”，为实体经济强大，为市场生态优化，为行业健康发展，为投资者有获得感，持续贡献有深度、有力度、有温度的正能量。

新时代，新中证。中证报能得到各方的厚爱而有所建树，归根到底是因为生于长于这个伟大的时代。感恩时代，感铭前辈，感谢用户，感激各界关怀关心关爱中证报的良师益友！

三十而立，是铭记，是传承，更是开启。一个政治坚定、价值纯正、专业精湛、传播精准的中央财经融媒体，一个始于媒体、基于媒体、高于媒体的资本市场服务商，已具雏形，必将赢得更大成功。在改革春风中跋山涉水、书写华章的中证报，也必将在新时代的韶光中再踏层峰，创造历史。

“这正是我们继起者的事功，这正要赖我们继起者的努力奋勇。”

（作者系中国证券报党委书记、董事长、总编辑）

目录

序　现实功用与历史价值 ………………………………………………………… 1

（中国证券报党委书记、董事长、总编辑　徐寿松）

第一部分　30 年，记录见证历史

中证报的创业岁月 …………………………………………………………… 3

（中国证券报原社长、总编辑　任正德）

30 年金融业发展的见证者 ………………………………………………… 8

（全国政协委员、原中国保监会副主席　周延礼）

我与中国证券报 ……………………………………………………………… 11

（国家金融与发展实验室　李　扬）

结缘——夏斌与中国证券报的故事 ………………………………………… 15

为股权分置改革鼓与呼的难忘岁月——我与中国证券报的知遇之交 …………… 19

（东南大学资深教授、国家发展与政策研究院院长　华　生）

我在中国证券报学到了什么 ………………………………………………… 25

（中国证券报原常务副总编辑　杜跃进）

股改守望者……………………………………………………………………………34
（中国证券报编委　闻召林）

因为专业　值得信赖——多次精准预判货币政策走向，
　　为投资者提供决策参考………………………………………………………38
（中国证券报编委　费杨生　中国证券报记者　彭扬　赵白执南）

担智库之责　纳睿智之言　献务实之策……………………………………………42
（中国证券报编委兼公司与产业新闻部总监　张朝晖　中国证券报记者　杨洁）

第二部分　30 年，护航守望改革

力求贡献点滴　不负光阴逆旅……………………………………………………47
（财政部原财政科学研究所所长、华夏新供给经济学研究院创始院长　贾　康）

见证推进三支柱养老金改革………………………………………………………52
（中国社科院世界社保研究中心主任　郑秉文）

改革创新的缩影　我的良师益友——写给三十而立的中国证券报……………58
（全国政协委员，中央财经大学金融学院教授、博导，证券期货研究所所长　贺　强）

见证宏观研究与证券专业媒体的结缘……………………………………………62
（植信投资首席经济学家兼研究院院长　连　平）

我与中证报因 1994 年汇改而结缘 ………………………………………………65
（中银证券全球首席经济学家　管　涛）

我为中证报写稿子…………………………………………………………………68
（自由撰稿人　庄志毅）

我写《金漩涡》……………………………………………………………………74
［中国证券报全媒体要闻采访部（上海）　周松林］

第三部分　30 年，携手共同成长

中信证券：一路同行　再创辉煌……81
（中信证券）

回首，三十载激荡风雨同行　前行，熠熠生辉不负新时代
——贺中证报 30 周年社庆……84
（中信建投证券）

凝心聚力服务资本市场　书写高质量发展新篇章
——庆祝中国证券报创刊 30 周年……89
（中金公司）

三十年初心不变　护航中国资本市场使命在肩……92
（申万宏源证券）

让投资者触摸政策 感受温度……96
（全国政协委员、申万宏源证券研究所首席经济学家　杨成长）

中证报为我提供思考的空间……100
（中泰证券首席经济学家　李迅雷）

与中证报的两件往事……103
（易方达基金总裁　刘晓艳）

二十多年初心不改　我与公募基金成长相伴……105
（银华基金总经理　王立新）

专业财经媒体传播中国声音　助力市场“发现投资价值”……109
（博时基金董事长　江向阳）

睿者致远　风好正扬帆——祝贺中国证券报创刊三十周年……112
（嘉实基金董事总经理、嘉实裕远投资管理中心总经理　邵　健）

携手并进　开创未来——祝贺中国证券报创刊 30 周年 …………………… 115
（中国建筑股份有限公司董事会秘书　薛克庆）

三十而立迎新篇　携手前行谱辉煌
——当升科技热烈祝贺中国证券报创刊 30 周年 …………………… 118
（当升科技董事长　李建忠）

关键时刻从不缺席…………………………………………………… 121
（比亚迪）

中国证券报和我们的"股改第一股"……………………………………… 125
（三一重工董事长　向文波）

怀揣技术报国之心　共襄中国医疗器械"黄金十年"………………… 128
（迈瑞医疗）

踏步新时代　领唱好声音——爱尔眼科热烈祝贺中国证券报创刊 30 周年 … 131
（爱尔眼科董事、副总裁、董秘　吴士君）

中证报助力企业资本市场改革探索…………………………………… 133
（福建高速董秘口述　中国证券报记者杨烨整理）

启航，驶入资本市场的星辰大海——中证网路演史话………………… 138
（中国证券报总编办总监　潘大鹏）

第四部分 30 年，金牛使命担当

与金牛奖同行：坚持长期主义　彼此成就价值………………………………… 153
（富国基金总经理　陈　戈）

中欧基金与中国证券报的故事——以长线思维为投资者打造长期业绩……… 156
（中欧基金董事长　窦玉明）

春江水阔　相信更精彩的未来——祝贺中国证券报创刊三十周年…………… 160
（嘉实基金总经理　经　雷）

我和金牛的源与缘——写在中国证券报成立 30 周年 ………………………… 163
［工银瑞信基金副总经理、工银瑞信（国际）董事长　杜海涛］

从“单打独斗”到“平台力量” ………………………………………………… 168
（银华基金业务副总经理、投资管理一部投资总监、七度金牛基金经理　李晓星）

三十年以梦为马　筑梦金牛——贺中国证券报创刊三十周年………………… 172
（源乐晟资产董事长、投决会主席　曾晓洁）

我与金牛奖…………………………………………………………………………… 176
（民生加银基金副总经理　于善辉）

我与金牛奖的 14 年 ……………………………………………………………… 180
（海通证券研究所副所长　高道德）

我与金牛奖的故事………………………………………………………………… 183
（银河证券基金研究中心总经理、基金评价业务负责人　胡立峰）

私募金牛奖诞生记………………………………………………………………… 186
（国信证券基金评价与研究中心原首席分析师　杨　涛）

第一部分

30 年，记录见证历史

中证报的创业岁月

中国证券报原社长、总编辑　任正德

流年似水，我已到耄耋之年，人生经历之事很多，有的已模糊、遗忘了，但《中国证券报》那段白手起家的创业故事，一直印象深刻。2022年，中证报三十而立，回想起那段记忆感慨万千！

改革开放春潮下的办报曙光

1992年的春天，我作为《瞭望》周刊副总编辑与《瞭望》经济组负责人林晨南下调研。此前，经济组编辑李树忠曾几次前往沪深，回来后为我们描述股市试点的热闹景象。那时，我们考虑在《瞭望》周刊原有的基础上，办一个南方版，主要用于扩充金融、证券方面的报道。

那年年初，小平发表南方谈话结束了人们当时的很多争论，比如“姓资还是姓社”等。我们在南方看到，那时的深圳、上海等地改革春潮泛起，股市试点一片热火朝天，证券公司门口排起了长队，股票成为人们街谈巷议的话题。我们的心情为之牵动，深刻地感受到：这多么需要一张全国性的报纸来给予报道和引导！

回到北京后，我们经过多次讨论、分析，坚信在改革开放的热潮下，资本市场将会蓬勃发展，单单办一个“南方版”并不足以担起时代赋予的使命。《瞭望》杂志社党组达成共识后，我们正式向新华社党组递交了创办一份证券专业报的申请。

新华社领导非常支持创办中证报，很快就批示回复同意。于是我们着手准备工作。那时，无论是股市还是资本市场，都还是新生事物，国家通讯社自己创办一份敏感而专业的证券报刊是否会有政治风险，这在社内也有争议。不巧，1992 年夏深圳发生了“8·10”股票认购抽签表风波，引起了高层的关注。有关方面通知我们“缓办”，要求我们寻找政府有关专业部门联合创办，使办报在政策和专业方面有保证。我们先后拜访了中国人民银行、体改委、财政部、社科院等部门，但均未获得同意，原因各异，比如央行已有自己的《金融时报》，体改委有自己的《中国改革报》，当时国家规定每个部委只能办一份报纸。

“8·10”股票认购抽签表风波后，国家为加强对资本市场的统一监管，很快成立了国务院证券委和证监会。我们当时还曾想与证券委和证监会协商协办事宜，但按国际惯例，证券监管机构不能自己办报，因为会影响市场。最后，新华社高层下决心，自己单独创办。

事后来看，开始时步子迈得谨慎一点，也有益处。缓办这件事本身也令我们把筹建工作做得更扎实。

全面拥抱市场经济

对于中证报这个“新生儿”来说，与新华社之前创办的《瞭望》《半月谈》《经济参考报》等社办报刊不同，新华社领导的意见是不给人，不给钱，不给房子，自己闯出一条新路。这与当时改革大潮风起云涌的时代也非常吻合，改革、创业是当时的热词，很多新生事物，对大家来说，都是第一次。刚刚起家的中证报注定要全面拥抱市场经济。

那时大家创业的热情都很高，我们提出“要创办一流的报纸，拥有一流的经营、一流的管理水平”，也提出了报社发展的“四自”方针，即“自筹资金、自找房子、自建队伍、自我发展”。

对于创业者来说，首先摆在我们面前的问题就是：在哪办公？

创刊的第一年，中证报便搬了 3 个地方。1992 年那会儿，很少有商品房的概念，我们在北京城前前后后跑了一个多月也没找到合适的房子。总社要拆迁的口子楼，成为我们的第一个办公室。但按规划 10 月份该楼要拆除重建，我们只能另找办公地点。1992 年 9 月，我们租用了北京民族饭店二层的 6 个房间作为临时办公室。我们也成为第一家在大饭店里租房办报纸的新闻媒体。

1993 年 6 月，随着业务的发展和人员的增加，我们从民族饭店又搬到了新华社印刷厂。在那时，完全按照市场规则租房办公。频频搬家的漂泊之感也让我们坚定了“盖房子”的决心。

1994 年，我们积极参与新华社报刊发行楼的集资合建工程。工程从 1994 年 2 月开始筹备，到 1999 年初落成。1999 年 7 月，中国证券报正式从新华社印刷厂迁入新华社报刊发行楼。中国证券报“有家了”。

自力更生的经营之路

我们“盖房子”的钱是怎么来的？和租房的思路一样：向市场要。

筹备阶段，我们就努力扩大市场影响力。比如，1992 年 10 月 8 日报社成立大会，我们选在鼎鼎大名的钓鱼台国宾馆进行。时任体改委副主任刘鸿儒、新华社社长穆青、老社长曾涛等一些著名人士莅临现场。摆在成立大会的是试刊第 1 期，对开四版，上面有华夏、国泰、君安、南方四大证券公司的大幅彩色广告。1992 年 10 月 26 号出版的第 2 期试刊同样引人注目。这期中证报独家刊登了“国务院决定成立证券委和中国证监会”的重大消息，当晚，该篇报道被央视新闻联播全文转播，为中证报试刊期间在社会上树立品牌、扩大影响力起了重要作用。

1993 年 1 月 3 日的那天晚上，创刊号正式出版，我们一众人都激动不已，好多人待在办公室没有回家。一大早，报纸印刷出来后，从领导到员工十几口人，每人扛着几十份报纸到街上去卖。我记得，那天清晨我从西单一直走到了西四，几十份报纸很快就卖完了，其他员工有卖不完的，就直接送给市民，目的就是为了扩大影响力。没过多久，每天来报社的报贩排起了长队。当时，国内的报纸都是邮政发行，没有零售。报纸后期的私人订阅量超过了公费订阅量，真正开启了个人订阅时代。

1994 年，中证报由对开四版的周二刊改为每周五刊，对开八版，最高时发行量达到一百万份。原本我们设想，中证报创办后“一年亏损、二年持平、三年盈利”。但实际上，报社取得了良好的社会效益和经济效益，第一年经营收入 800 多万元，第二年过千万元，第三年我们就过亿了，远远超过了最初的设想和计划。

社会招聘广揽人才

“人才”是中证报发展初期的关键因素。90 年代，证券市场方兴未艾，既懂金融、又懂新闻的人才少之又少。我们只能运用市场化手段，向社会“要人才”。但在那个大学毕业生包分配的年代，一个新闻单位靠社会招聘来广揽人才还是罕见的。

现实出乎意料。1992 年 7 月 7 日，我们在《北京晚报》上刊登了招聘启事，竟吸引了六百多人报名，采编、经营和行政，行行都有，着实令我们兴奋不已。经过笔试、面试，第一批招聘了 18 位人员。这批“元老”级别的员工都是精兵强将，为报社的发展做出了突出贡献。

有关方面要求我们暂缓办报的那段时间，这批人员已陆续到岗了。面对“空窗期”，我们将报社员工“兵分两路”，分别到深圳、上海去调查研究学习，了解中国证券市场的状况；其他人继续准备筹建事宜。经过多方联系和后来的努力，最终为报社联络了一批很有名望的专家学者，其中有十多位被邀请担任中证报顾问，他们中有来自部委的，有来自高校和研究机构的。比如时任国家体改委秘书长王仕元，著名经济学家董辅礽、萧灼基、曹凤岐，著名法学家江平等，还有一批青年学者如刘纪鹏、吴晓求等。

每当国内外发生经济政治大事，我们就会邀请这些专家顾问进行研讨。

比如，1995 年“3·27”国债期货风波时，股市急转直下，经济界及社会上对股市有多种不同看法，我们邀请董辅礽、江平、萧灼基、曹凤岐、韩志国、樊纲、刘纪鹏等专家，召开小范围会议研讨。第二天，一篇题为《经济专家会诊把脉中国股市，提出规范健康发展良方》的报道，在中证报头版头条位置刊发，产生了广泛的社会影响。有时，一些不宜公开报道的内容写成了内部稿件，通过新华社渠道送给高层。

与时俱进探索办报定位

中国证券报有幸诞生在一个改革开放的年代，有什么点子都可以去试。中证报也搭上了市场经济这趟快车，取得了社会效益和经济效益双丰收。

在创立之初，我们想要办一个全国性的报纸，既不能办成一个炒股小报，也不能办成一个大而无当的一般类型的经济报纸。如何定位和突出自己的特色?

我们当时确定的指导思想是：宣传金融证券政策，传递金融证券信息，评析金融证券市场，普及金融证券知识。办报宗旨即：坚持正确的舆论导向，做可信赖的投资顾问。编辑方针是“四个贴近”，即：贴近政策、贴近市场、贴近投资者、贴近读者。

在具体的实践报道中，我们发现这些前期的报道内容有些狭窄。后来，时任新华社社长郭超人来中证报视察时，为我们进一步明确了“大证券”的办报思想，即：以证券为主体，凡是影响证券市场的政治、经济、军事、文化等都属于我们的报道范畴，面要广一些、内容要深一些。只有定位精准了，打开市场就有希望。

创业难，守业也难。中证报从当初的细枝嫩叶成长为如今的参天大树，果实累累，表明中证报创业是成功的，守业和事业发展也是成绩辉煌，可喜可贺!

中证报正当年，未来可期。

30 年金融业发展的见证者

全国政协委员、原中国保监会副主席　周延礼

在中国证券报创刊 30 周年之际，首先向贵报表示衷心祝贺！作为一份报道证券、银行、保险等行业发展的见证者，中国证券报过去 30 年来孜孜不倦地提供国内外金融各领域营运信息和专业资讯，专业性、权威性在全国性财经类日报中享有盛名。中国证券报与中国资本市场同呼吸、共成长，见证了一大批金融机构的发展和崛起，伴随着众多企业上市融资，记录了一代又一代优秀金融从业者的光荣与梦想。

在过去 30 年中，我作为金融行业的一名从业者和监管者，中国证券报是我办公桌上的不可或缺日常读物之一，也是我非常喜爱的一份证券类报刊。我从事金融保险工作 40 多年，已是中国证券报忠实的读者。令我最为感动的是，中国证券报对中国保险业前沿动态的记录从不缺席，是中国保险业改革与发展的忠实记录者。特别是 30 年来，中国证券报对保险资金支持资本市场健康发展的报道全面而翔实，也是难能可贵、可圈可点的。

近几年，保险业的改革与发展迎来了新的历史机遇。我曾多次接受中国证券报的专访，记者以高度的敬业精神和专业态度给我留下深刻印象，他们为保险业发展在机构、市场、监管之间构筑起对话交流的桥梁。比如，过去 5 年每年两会期间，中国证券报准备的采访提纲均涉及我国保险业最新的改革

发展、监管创新、风险挑战和政策建议等前沿话题，时刻关注并跟进着我国保险业数字化转型、绿色保险、高质量发展、ESG 投资服务国家经济发展战略等重点问题。

记得在接受中国证券报专访时，我多次谈到，中国保险业发展空间巨大，未来仍是一片“蓝海”，有很强的韧性和潜力，不论是国家发展战略，还是共同富裕蓝图布局，都需要保险。确信在新发展阶段、新发展格局下，保险业将会受益颇丰，持续高质量发展势头将会推动保险业现有的资产和规模快速增长，预计到 2035 年或更早些，中国有望成为全球最大保险市场。因此，中国保险业必须牢牢把握住“十四五”重要战略机遇期，应继续引导保险业融入国家发展大局，加快发展老百姓所需要的保险产品，形成结构互补、保障全面，集风险管理、经济补偿、社会管理、资金融通为一体的保险发展新格局，在保障经济发展，强化社会事业支撑等方面更好发挥“助推器”和“稳定器”作用。

我也记得曾在中国证券报专访中建议，加强政策引导，支持保险资金发挥期限长、来源稳定等优势，服务实体经济高质量发展；推进保险资金运用市场化改革，加大对民营和小微企业服务力度；鼓励和引导保险公司使用长久期账户资金加大对股票、股权等权益类资产的配置力度，助力维护资本市场稳健运行；保险资金应为关键核心技术攻关企业和“专精特新”企业提供长期稳定资金，提高服务国家重大战略和实体经济高质量发展的能力等。

我愿意和媒体交流，希望将全国政协委员和金融从业者两个角色结合起来，为行业发展和经济社会发展更好地建言献策，推动金融保险业与其他行业产生更多良性互动。

30 年的发展证明，中国证券报已不仅仅是一份报纸，也是金融行业发展的组织者和推动者。2021 年，中国证券报举办了“立足新阶段构建新格局——2021 中国保险业发展论坛”暨第一届中国保险业投资金牛奖颁奖典礼，保险业界对此论坛评价很高，也是保险业投资领域的专业盛典活动。

今年，中国证券报迎来了 30 岁生日。三十而立，从报亭一沓沓颇具分量的报纸，到现在手机里的客户端、公众号，中国证券报见证了资本市场的风云变幻，也刻录了每一位参与者与这个市场碰撞的点点滴滴。在碎片化阅读的时代，我仍然愿意在闲暇时，放下手机，打开散发着墨香的报纸，享受专注和思考的快乐。

时代发展的浪潮总是出乎人们的意料，中国证券市场和中国证券报已先后跨过了 30 岁生日。这 30 年，中国保险市场从小到大、从弱到强，给实体经济发展注入了新的动力和活力，也孕育了巨大的投资机会。

下一个 30 年，相信中国证券报必将继续架起资本市场和广大参与者之间的桥梁，紧跟时代的步伐，见证中国资本市场新的辉煌。而我依然将是这亿万读者中忠实的一员！

我与中国证券报

国家金融与发展实验室　李　扬

中国证券报是伴随我国资本市场发展起来的专业财经媒体之一。30 余年来，中国资本市场从无到有，如今的市值已经稳居全球第二；与中国金融业长足发展的步调一致，中国证券报也成长为具有世界影响力的综合性财经媒体。

研究合作者

作为金融研究者，我与中证报保持着良好的关系。这种关系，不仅是作者和媒体的关系，也是研究合作者的关系。这种合作使我获益匪浅，回想起来，我的若干重要的研究成果，包括资本市场体系建设、国债回购市场研究、财政政策和货币政策协调配合、开放经济下的宏观调控、利率市场化改革等等，最早都因获得中证报的肯定并被整版推出，方始受到学术界和业界的关注和肯定。

中证报是一份具有学术鉴别力、政策敏锐性，而且富有担当精神的专业媒体。1996 年，该报发表我的长篇研究报告“中国国债回购市场分析”。当时，由我领衔的中国社科院金融研究中心开展了一系列对我国国债市场发展的研究。这个研究系列涉及国债制度的分析、国债一级市场和交易市场的设计、国债政策中财政政策和货币政策协调配合、利率市场化进程、以及金融业的对外开放等领域。

在全部研究中，国债回购市场无疑最为敏感和最具挑战性。说其敏感是因为，当时的国债回购交易广泛分布在各类资金交易中心（人行系统兴办）、证券交易中心（各地方政府兴办）和资金市场（各国有商业银行兴办）之中。从 1995 年下半年开始，有关部门在“整顿金融秩序”的名义下，正在对它们进行整顿。选择这样处在风口浪尖上的论题，显然存在风险。

说其具有挑战性是因为，该市场的发展具有典型的中国式渐进改革的特征。且不论在回购和返售名义下展开的资金交易活动大多具有“地下”交易性质，调查研究极为不易；更重要的是，当时的国债回购市场事实上承担着多重功能，它们从有组织的市场和金融机构之外筹集资金，然后通过这些市场和机构将资金进行再分配。而且，作为货币市场组成部分的回购和返售市场，在相当程度上发挥着资本市场的功能，它们将资金从居民和国有银行手中吸引出来，转而用于固定资产、股票和房地产投资。另外，在国债回购交易中形成的利率，更能反映资金的市场供求关系，已经成为参与者分析、判断金融形势的重要依据，而且已成为货币当局制定利率政策的重要参考指标。

作为专业化的金融研究机构，我们对此类项目充满兴趣。令人感动的是，中证报不仅自始至终参加了我们的课题讨论并提出了很多专业化的意见，而且，在研究报告形成之后，毅然拍板在该报全文发表。说实话，当我拿到占据整整一个半版的中证报时，闻着淡淡的墨香，还是有点小小激动的。后来，以这篇文章为基础，我又撰写了“中国货币市场研究”，发表在《经济研究》上。这项研究产生了很大反响，被国外学者称为 20 世纪“国内唯一系统研究货币市场问题的文章”。得此盛赞，中证报功不可没。

我的另一篇文章在中证报上发表，进一步证明了中证报的学术专业性和新闻敏感性。2003 年，正是非典肆虐之时，中证报的领导和编辑们几次电话寻我，希望利用“今日得宽余”的机会，为该报撰写一些涉及根本性和长远性问题的研究性文字。报社提供了若干选题，利率市场化便是其中之一。经过一个多月的努力，文章写成。文章原名为《积极稳步推动利率市场化》。热心的编辑认为标题不够醒目，建议将之改为《用 5–10 年完成利率市场化》。该文发表后，评论蜂起，其中的若干判断和结论至今仍被提起。这说明，中证报的选题和标题的改动都是有眼光的。更为重要的是，在课题的选择、标题的确认，以及发表的过程中体现出的媒体与作者间的融洽关系，现在仍然保持着温度。

资本市场须进一步深化改革

中国资本市场经过三十余年的发展，取得了举世瞩目的成就，这一点，无论如何强调都不过分。应当说，在这些成就中，类如中证报这种专业媒体的作用是不可忽视的。

中国资本市场显然还须进一步深化改革。

我们必须深化改革，矫正中国股市的上市公司、产业结构、投资者的结构扭曲。在纷繁复杂的改革任务中，我特别强调两个机制，一是注册制，二是有效的退出机制。深化注册制改革，为的是保证那些拥有发展潜力但短时间盈利并不显著的“独角兽”和“潜在冠军”脱颖而出；完善退市机制，为的是清除中国“壳市场”的痼疾，切断上市公司与各级政府不恰当的关联，有效克服我国上市公司地方化、行政化的特征。

我以为，在中国深化资本市场的发展，我们必须在理念上摒弃直接融资和间接融资“非此即彼”的思维定式。换言之，中国发展资本市场的“中国特色”，必然是银行机构有效参与资本形成和资本交易的机制，必然包含金融机构多层次进入资本市场的制度安排。要进一步发挥中国资本市场的这一特色，对于金融机构、特别是银行类金融机构的管制就必须放松，就应当允许甚至鼓励银行打开资产负债表，让它们的资产业务和负债业务与金融市场深度融合并协同发展。应当在设置可靠防火墙的前提下，稳步推动商业银行向混业经营转型，加快推进资产管理、财富管理和金融投资等业务的发展。同时，银行信贷应当支持股权融资，支持企业并购、支持股权基金融资。要鼓励银行通过投贷联动等渠道，加强与投资机构开展客户资源合作和各类业务合作，提升银行服务资本市场的功能。

结缘——夏斌与中国证券报的故事

中国证券报记者：中国证券报迎来成立30周年，您与中国证券报情谊长存。今天，请您讲讲与中国证券报的故事，以了解中国证券报成长中的点点滴滴与精彩。您是什么时候、因何与中国证券报结缘?

夏斌：说起“结缘”，那是1993年我任深圳证券交易所总经理时。当时中国股票市场开创不久，证券交易缺乏统一监管，深、沪两个交易所各自为政，从上市规则、交易时间到信息披露制度等，可展开各方面自由竞争。我上任时的志向就是一定要把深交所由一个区域性市场办成一个全国性市场，超过上交所。为此，在证券交易所各环节与上交所展开竞争。譬如，在交易时间方面，当时开市时间早的交易所会引领一天的市场行情。为此针对市场上“早看深市，晚看沪市”的舆论，我们把深市下午的交易时间提前半小时，由此提高竞争力。在市场宣传方面，上交所创办《上海证券报》，深交所就创办《证券时报》。两报各自围绕自己的交易所搞信息披露，宣传各自的交易所等。

1993年的某一天，我举办记者会。会议结束时一个年轻帅气的小伙子递给我一张名片，自报家门是中国证券报驻深圳记者，并说是从北京来的，您（指我）也是从北京来的（哈哈，先拉近距离），中国证券报是新华社主办的全国性证券类报纸。提醒我，以后深交所所有上市公司披露的信息以及其他任何相关交易所的信息，在送证券时报的同时，应送中国证券报，这样才能体现“三公”原则。如此在理的话，我听后连声答应说：行，行，行。由此，我结识了中国证券报，也从此开始了深交所与中国证券报长期的业务往来。

抛了几块“石子”

中国证券报记者：现在的记者对您了解更多的是搞研究的日子里给中国证券报投了不少稿件，有不少精辟、犀利的观点言论率先在中国证券报发表。二三十年来，您在中国证券报发表的文章中，哪些给您留下了深刻印象？

夏斌：说起印象深刻的文章，今天只能做些简单介绍。

1999年底，美国国会通过了《金融服务现代化法案》。当时，此消息从太平洋彼岸传来，国内金融改革正值探索中，一些食洋不化的人对20多年来全国金融改革的问题与现状不甚了解，特别是对当时混业经营的乱象与风险更是知之甚少，就跟着要学花旗银行，要搞混业经营。对此，我以“分混之争，始于20世纪80年代中期”为文章小标题，从讲历史开始，回顾我国是“分业模式形成在先，明确在后”，介绍了“历史地看国际上的混业趋势”是如何形成的，最终指出在中国“现阶段还要坚持分业经营”的观点。这篇刊登于2000年4月3日中国证券报的《关于分业经营和混业经营的对话》是自问自答文体，坚定明确“从发展方向看，我同意混业经营、统一监管是趋势，但是现在我们实施分业的原则不会变，也不应该变”。反倒是三个监管部门应尽快建立“部门间的协调、对话制度”，克服监管中的混乱。“梳理现行的金融监管法规”，而不是去考虑混业经营。这篇与当时多数媒体宣传的学术潮流“相逆”“唱反调”的文章在当时影响较大。当然，对这一问题，中国金融改革历史已给出了明确的答案。后来，对这篇文章我进一步思考，在国内可能是首先提出了关于金融控股公司监管的一系列思想，先以内部研究报告呈送，后以《金融控股公司：摆上议事日程》为题，发表在2000年7月17日的《人民日报》。

第二篇发表在中国证券报给我留下较深印象的文章是《努力搞好本土市场，放慢境外上市节奏》，刊登时间是2004年9月8日。当时针对我国一批具有龙头地位、高利润、优质大盘公司争先恐后在海外上市，我立即提出应放慢节奏。理由是：高利润公司海外上市后，其创造的利润国内投资者无法享受；优质大盘股是股市基石，多往海外上市影响中国股市上市公司整体质量，从而影响投资者信心；用数据表明这一做法进一步弱化了我国资金的有效配置功能；对国家税收不利。文章提出，放慢节奏并不意味着马上停止境外上市，而是应"有政策引导地、有节奏地、相对减少中国企业的海外上市"。文章发表后引起一系列争论。2005 年 12 月 9 日，有媒体以《官员专家交锋央企海外上市》为题，报道了当时国资委领导公开力挺央企海外上市，着眼点是深入央企改革；夏斌观点的着眼点是国家的金融安全和改革历史。"作为战略来讲，应该大力发展中国的本土资本市场。在中国融资体制不健全的情况下，要多鼓励创业板、中小企业板的企业到海外上市，好的如国有商业银行这类大型国有企业，应该留在本土上市。"同文引用了社科院教授周茂清支持夏斌的观点："处于'领头羊'地位的超大型国有企业……是得益于政府的政策扶持以及相应而来的市场垄断"，不能"向海外投资者拱手相让"，"造成国内证券市场贫血现象"。

鉴于当时一年多以来大量央企和其他绩优企业仍纷纷赴海外上市，我有点着急。第一财经日报让我修改原文后于 2006 年 2 月 17 日再次发表，题为《放慢股票境外上市的节奏》。此文进一步强调"从国家战略看，正在崛起的中国不可能长期依附于境外资本市场""任何一项短期政策制度的安排，就其实质内容看，要方便衔接长远战略"。

中国证券报记者：2000 年您发表了《中国私募基金报告》，在当时引起轰动。这是中国第一份关于私募基金的系统性报告，让中国私募基金第一次正式浮出水面，当时各类媒体纷纷追踪报道。就这件事，你对中国证券报有哪些回忆？

夏斌：中国证券报当时作为与两个交易所不相关的全国性三大证券类报纸之一，地位很特殊，很突出，肯定是有报道采访的，但现在具体的材料一时没找到。这份报告的重要意义是第一次系统性介绍中国私募基金现状，并让私募基金正式浮出水面，引发全国对私募基金的大讨论。该报告最后引出要尽快实现规范发展、加强监管的必要性。

与此相关，让我想起 2004 年 10 月 28 日在中国证券报发表的《发展统一信托市场，两大难题等待破解》。那是针对当时全国理财市场资产管理制度始终不统一，风险苗子开始抬头之时我的又一次呼吁：银监会与证监会要尽快统一监管政策。提出资产管理理财业务应赚取手续费而不是利率，实现第三方托管、避免资金池问题等。这些思想当时不仅在中国证券报上被呼吁，也在其他媒体、在更早的时间被反复呼吁。现在大家都清楚，自那时起，后来经过近 15 年的“跌跌撞撞”，中国的理财市场在前两年终于实现了统一的资产管理制度。

（夏斌曾任国务院参事、国务院发展研究中心金融研究所所长）

为股权分置改革鼓与呼的难忘岁月

——我与中国证券报的知遇之交

东南大学资深教授、国家发展与政策研究院院长　华　生

我在中国证券报上发表的第一篇文章应该是在 2000 年 12 月 12 日，是对当时在证券市场轰动一时的郑百文重组预案系列评论的首篇。文章开头便说，“中国股市怪事之多，尤以资产重组为甚。免费的午餐，天上掉馅饼，垃圾股股价高高在上，凡此种种，几乎打破了所有经济学定律。”一位普通学者如此率直文风的评论，能在新华社主办的证券市场第一大报上连续刊出，可见中国证券报的宽容与气度。

所谓时势造事造人。我与中国证券报的知遇之交开始于次年的国有股减持事件。2001 年 6 月 12 日，国务院发布《减持国有股筹集社会保障资金管理暂行办法》。当时，财政部部长等重量级官员纷纷发表公开讲话，强调国有股减持不会影响股市繁荣稳定。很多长期主张国有股减持、补充社保基金的学者普遍持肯定和支持态度。证券市场人士也大多认为，短期而言，虽然减持可能对市场产生冲击，但从中长期来看是利好。因此办法出台后，股指继续攀升，并创出股市成立以来的历史新高。

我自己则是因为 20 世纪 80 年代后期和 90 年代初，在英国留学期间对伦

敦股票市场有所了解，回国以后对 A 股市场与国际规范市场不同的情况作过较为深入的研究，于 1998 年 2 月将研究成果发表于权威的经济理论刊物《经济研究》。文章指出，中国股市一个绝无仅有的现象，是同一家上市公司的股份被人为划分为流通股和非流通股。这二者的交易权利和定价规则截然不同，但二者又具有相同表决权和分红权，这种情况造成了产权关系严重扭曲。建议尽早进行改革，用赎买的方式让国有股、法人股恢复流通权。基于这个理论认识，虽然我也很赞成用减持国有股的方式补充社保基金，但是借减持之便，实际上让占三分之二比重的国有股按市场价流通，这就颠覆了股市原先的公共认同的定价基础，必然会导致市场价值中枢大幅下移，从而破坏市场的公平公正原则并严重伤害社会公众股东利益。鉴于此，我在 2000 年 7 月有关部门刚提出国有股减持变现方案时发表《危河高悬的中国股市》指出，A 股的高市盈率是以其特殊的股权结构即约 70% 的国有股、法人股不流通为基础支撑的，国有股减持不能破坏交易的平等性和市场规则。随后，我又连续发表了《漫漫熊市的信号——国有股减持方案评析》和《有错就改》等文章，对减持方案提出了批评和不同意见。

国有股按市场价减持，很快对市场产生了冲击。从 2001 年 7 月开始，股票市场不断下行，市场上出现了越来越多对减持办法的批评声音。各方面意见引起了国务院领导的重视，决定召开相关部委领导和专家学者座谈会，听取和协调各方意见。记得会上各部委同志主要是听取意见，并作解释说明。会场明确分为两派：一派坚决支持国有股按市价减持补充社保基金，并强调发起人股按照市场价减持是国际证券市场的惯例，认为要顶住市场既得利益集团的压力，挺过这一关。另一派则坚决反对国有股按市价减持，认为这会对市场造成巨大压力。我主要论述了 A 股市场实际上形成的同股不同权的客观事实和国情，论证减持有失公平公正的依据，指出不能以国有股减持取代 A 股全流通改革的必要性。

20 世纪 80 年代，我在国务院经济体制改革领导小组办公室工作，很多领导同志对我比较熟悉，而我对国有股的市价减持批评得最早，也最有理论色彩，所以我较早被邀请参加了座谈会。时任中国证券报社社长陈乃进，也是我在那个会场上认识的，由此开始了我与中国证券报多年的深度合作。

我记得会议从 8 月到 9 月开了四五次，争论很激烈。随着市场下行和讨论的深入，反对者越来越占上风。2001 年 10 月 22 日，国务院授权证监会发表声明，暂停执行刚刚发布了 4 个月的减持决定，以便进一步征求意见和研究制定具体操作办法。这也意味着高层已经认识到，国有股减持不是一个简单的财政问题，而是涉及证券市场的改革和制度安排问题。很自然地，证监会就替代财政部，成为下一步解决问题的主导部门。

陈乃进比我大不了几岁，但看起来老成持重、深谋远虑。他敏锐地觉察到，国有股减持遇到的挑战反映了我国流通股、非流通股的设置存在严重问题。因此，给政府建言献策提供思路、推动中国股市全流通改革，是中国证券报这样的主流大报义不容辞的重要使命。虽然当时市场上和理论界关于这方面的观点有很多，但是多有自己利益和眼界的局限性或偏激性，缺乏既能够从全局眼光又接地气的建设性分析文章，引导讨论理性地深入下去。因此，会后不久，他就约我给中国证券报就这个题目写几篇有充分说理性的文章。这样就有了 2001 年 9 月 27 日、11 月 15 日我在中国证券报发表的《中国股市的最大国情》《在风险和挑战中实现多赢格局》两篇整版通栏长文，均在当时引起了普遍关注，被内部和外部材料广泛援引。

2002 年 6 月 23 日，国务院正式决定对国内上市公司停止执行原减持国有股的规定，并不再出台具体实施办法。2003 年下半年，中国证券报再次洞察先机，发起了“中国股市是否走向边缘化”的系列讨论。2003 年 9 月 2 日，中国证券报以整版通栏形式发表了我写的《股市发展需要大思路》文章，开始了这轮系列讨论。9 月 11 日又用同样版面发表了我写的《资产重组期待浴火重生》作为讨论系列之六。10 月 8 日，中国证券报再次发表了我写的《破解股市全流通谜局》，并在头版头条做了要文提示。11 月 13 日，发表了我写的《全流通与减持不能混为一谈》的特约财经时评。中国证券报于 12 月 20 日、12 月 22 日、12 月 31 日，连续发表了我的三篇文章。中国证券报组织的这些系列讨论和发表的各方面文章，对中央形成股权分置改革思路、作出决定发挥了其作为中央媒体的积极作用，被各方广泛认为代表了主流声音。2004 年

1月31日，《国务院关于推进资本市场改革开放和稳定发展的若干意见》即“国九条”正式发布，意见中首次明确积极稳妥解决股权分置问题。这样，中央高层正式将问题的提法从国有股减持转为股权分置改革。

虽然股权分置改革的问题提出来了，但是究竟如何改，还面对各方面分歧的意见和各种不同利益群体之间的平衡，如何真正实施和推进仍然是一个难题。记得中国证券报为了推动不同意见和观点的讨论和交锋，当时专门组织了中国证券报的专家咨询委员会，定期组织专家进行讨论交流，有时请来中央部委的同志一同交流情况和信息。当然在某些场合，有个别专家言辞激烈，观点偏激，相互之间争论不下甚至发生言语冲突。但是中国证券报组织会议的领导和同志总是兼收并蓄、积极引导，尽可能地综合其中有价值的意见和建议，通过自己的渠道向上反映。好多年后，一些与会的专家谈起来，不少人至今留下深刻的印象和美好的回忆。

进入2005年，上证指数创出自2001年以来的新低。一些人对于在这个时候推出股权分置改革的必要性产生了怀疑。股权分置改革进入临门一脚的时刻。2005年2月2日，中国证券报发表我写的《中国股市面临大变革》的整版通栏文章，指出股权分置改革的基本原则不是追究历史得失补偿，而是要保证社会公众即流通股股东不因解决股权分置问题受到伤害，还大家一个健康、规范、前景光明的全流通市场。3月18日，中国证券报又在头版以通栏转整版方式发表了我写的《股权分置的市场化分散决策原则和方案》的万字长文。4月底，在A股市场继续探底过程中，证监会最终发布了股权分置改革试点通知，股权分置改革正式拉开序幕。

2005年5月10日，三一重工首份股权分置改革方案亮相。我在4月下旬因左手的可疑肿瘤动了手术，在五一长假中吊着绷带赶写了《市场转折的信号——股权分置改革试点通知评析》，中国证券报将其在5月10日以头版通栏形式发表。文章开宗明义指出，与四年前我发表《漫漫熊市的信号》时的情况截然不同，股权分置改革“方向正确，瑕不掩瑜”，而且“正是在这种熊市弥漫的气氛中，中国证券市场的历史性转折已经悄然来到了我们身边。”文章结尾总结道，“当熊市的阴影逼近时，有人正在飞蛾扑火；当牛市的信号初现时，有人还在拼命出逃。其实与牛市末尾的狂热和自信一样，熊市尽头的悲观和绝望，也是同样的盲目和错误。”“中国证券市场正在胸怀和迎接的，是和持续高速增长并令世人瞩目的中国经济并驾齐驱的英雄时代。”

不久，随着上证指数下破 1000 点后迅速企稳反弹，股权分置改革的试点工作顺利推进。2005 年 8 月 25 日，46 家试点公司的股改方案全部经各自股东大会表决通过，完成了规定的改革程序。同一天，中国证券报在头版发表了我写的《总结试点经验，推动股改顺利进行》的万字长文。8 月 23 日多部委联合发布的《关于上市公司股权分置改革的指导意见》，股权分置改革从试点转为势如破竹的全面铺开。

在仅仅一年后的 2006 年 5 月 10 日，即股改一周年的时候，中国证券报头版推出我写的《迎接证券市场的新时代》，文章充满信心地指出：“股权分置改革将会以中国经济体制改革以来，时间最短、进展得最顺利，以及对改革成效争论最小的重大制度变革而载入史册”。

到 2006 年年底，国务院在年初工作要点中提出的年内基本完成股权分置改革的目标成功实现，中国股市进入后股改时期的蓬勃发展。而且市场热度如此之高，以至于在股改两周年的 2007 年 5 月 10 日，我再为中国证券报撰文时，已经不能不警示“市场过热的信号”了。

在此之后的若干年里，我又陆续在中国证券报发表了几十篇文章，特别是多次阐述了在股权分置改革后，全面启动发行审批制度改革的必要性与重要性。到 2012 年当我对证券市场十几年的研究最终告一段落转向新的领域和课题时，才发现我在中国证券报上发表的文章，已经可以出一本几十万字的书了。

最近这些年来，由于研究领域的差异，我与中国证券报的联系少了很多，但是我始终没有忘记在那些共同奋斗、焦虑、庆幸和喜悦的跌宕起伏的改革岁月中，我与中国证券报的领导和同仁们结下的深厚友情。我印象很深的是 2007 年 5 月的一天，我去中国证券报参加报社内部的一个讨论会，由于大家知道了我与作家铁凝结婚的消息，一起为我鼓掌祝福，我还赶紧补了喜糖。那种在共同战斗中结成的友情、信任与关切，确实是最让人感动和难忘的。

当然，我始终没有忘记中国证券报在股权分置改革的那个风云年代中，对我这样一个普通学者的厚爱乃至偏爱的知遇之情。没有中国证券报这样一个平台给予那么多重要、大幅的版面，我不可能在股权分置改革中产生那样的影响和作用。中国证券报也由于高度前瞻的视野、广阔的胸襟，特别是为党和国家与证券市场改革事业的热忱担当，在中国资本市场历史性的股权分置改革大潮中，沟通政府、市场与社会，引领舆论导向，发挥了主流媒体的标杆与旗帜作用。

今年是中国证券报创办 30 周年，报社约我写一点文字，我当然欣然从命。我衷心祝愿中国证券报越办越好，为中国证券市场的繁荣发展与改革开放做出更大贡献。人生能有几回搏？今提笔回首往事，浮想联翩，是以为记。

我在中国证券报学到了什么

中国证券报原常务副总编辑　杜跃进

自 1986 年加入新华社，到 2018 年退居江湖，我的新闻职业生涯有近一半在中国证券报度过。说来令人难以置信，离开报社这么久，有时居然还会梦回宣武门西大街甲 97 号，与昔日“童鞋”评说市场，商讨选题，甚而至于争论得不可开交……值此纪念《中国证券报》创刊30周年之际，按照流行套路，似应撰文一篇，谈谈“你在报社期间最难忘的一件事”。可是，往事如烟似云，回忆千头万绪，打开电脑后茫茫然不知从何落笔。思来想去，与其记述当年在报社所经历的人和事，莫如小结一下自己在办报过程中学到了什么。

戴上多空眼镜看世界

我是 1994 年下半年加入中证报的。老社长任正德之所以接受王坚的引荐，与瞭望领导协商调我，在一定程度上可能是看上了我此前多年的经济新闻报道经历。

《瞭望》是新华社创办的我国第一本新闻周刊，也是我新闻从业的起点。其报道定位虽然以时事政治为主，但在二十世纪八九十年代的时代背景下，为推动党的工作重心转移，为改革开放和现代化建设鼓与呼，经济报道不可避免地占有相当大的权重。我进瞭望后被安排到当时的海外版经济组，由此与经济报道以至后来的证券报道、财经报道结下了不解之缘。

在瞭望 8 年的学习与实践，使我对社会经济生活的运行和以市场为取向的改革有了基本认识，同时形成了对新闻周刊及其经济报道的经验和体会——既要伸长“新闻鼻”抢新闻，又要追寻新闻事实的来龙去脉；既要高屋建瓴着眼发展全局，又要深入采访、见微知著于生活细节；既要关注某一行业或领域的专业特点和发展趋势，更要探究其在经济社会历史演进过程中的意义。

罗列几篇当年所写文章题目，或可作为这段业务经历的注脚：

中国能源发展战略的重大部署（1986.12.）

推进经济现代化又一重大举动——评述中国加紧制订产业政策（1987.6.）

安太堡——中国对外开放的“煤炭巨子”（1987.9.）

腾起的春潮——珠江三角洲农村工业化洗礼纪实（1988.6.）

中国高科技发展战略——从“863 计划”到“火炬计划”（1988.12.）

直面国际市场——中国经济发展的必然趋势（1988.5.）

为了减少发展的代价——关注我国城市化进程快速发展给环境带来的负面影响（1989.10.）

海南，起飞前的变奏——探讨海南大特区的开发建设周期与变局（1990.4.）

别无选择——小兴安岭启示录（1990.9.）

在一个重大决策的背后——访著名水利专家、清华大学教授张光斗（1990.11.）

走向海洋——中国经济发展的一个重要课题（1991.4.）

政府的“进”与“退”——两会采访札记（1992.3.）

千秋功业 百年抉择——三峡工程风云录（1992.4.）

国产化的期待——写在我国第一套大型合成氨国产化装置正式通过国家验收之际（1992.5.）

非国有经济，一个不再敏感的话题（1993.1.）

中小企业：中国经济发展的一支生力军（1993.5.）

产权，一个绕不开的难题（1993.11.）

矗立在黄浦江畔的里程碑——上海证券交易所三年历程述评（1993.12.）

中国农业：转轨中的困扰（1994.1.）

……

诸如此类的报道，采写了不少，编辑的更多，长则七八千字，短亦三四千言，纵横捭阖，洋洋洒洒，主题不可谓不重要，视野不可谓不开阔，叙事不可谓不宏大。可是，干的时间长了，接触实际多了，又觉着少了些什么。特别是在采访和报道上海证券交易所这一新生事物时，引发了我对新闻报道与市场交易关系的思考。那也是我关注资本市场和相关新闻报道的开端。

进入中证报以后，我有了一种前所未有的感受：自己的工作与读者之间的关系竟是如此密切！每当报纸头版发表重要新闻和评论，市场人士都会认真研读，并且条分缕析得头头是道。有关版面刊出涉及某上市公司经营或财务问题的稿件后，后者当即会接到交易所的质询。办公室的电话铃声变得比以往多起来了，其中大多是咨询与股市相关的问题，尽管我自己还只是个半瓶子醋。值夜班审稿签大样时，也常常有电话打进来，或求证市场传闻，或打听第二天有什么重要消息见报。外出开会或参加社交活动，当人们得知我来自中证报，亦常常会投来会意的眼神。记得报纸曾经刊登一个不起眼的表格，将某只股票的价格标错了一个小数点，结果掀起一场轩然大波。凡此种种，与我此前的经验形成了巨大反差。我在瞭望时，每发表一篇下了较大功夫的文章，或获得采访对象认可，或得到同行赞许，直至受到编辑部的表扬和奖励，却很少接到来自社会读者的反馈。

中证报是由瞭望发起创办的，新华社对这一新生事物采取了“新事新办”的做法，具体说来就是“三不”——不给一分钱，不给一个人，不给一间房，用企业化方式办报。为此，报社创业者们采取了“四自”对策，即自筹资金、自己找房、自建队伍、自我发展。惟其“自建队伍”，报社员工大多从各行各业应聘而来，专业背景亦因人而异。我来报社与新同事们共事一段时间后，渐渐发现，虽然就新闻业务而言，他们大多还有较大提升空间，但对于股市，他们却有着一种近乎特异功能的敏感，无论这世界上发生了什么新闻，到了这里都被转换成同一个问题："利多"还是"利空"？经过一段时间的观察，我逐步认识到，这，何尝不是从事证券报道以至财经报道的一项十分可贵而又重要的"本能"？

"利多"还是"利空"？看似简单，实则不然。其背后融汇了供求变化、增长预测、通胀指数、政策调控、监管举措、投资策略、交易博弈乃至天灾人祸、地缘纷争、外交互动、贸易往来、仓储物流、科技进步等方方面面的信息。正因如此，资本市场上每日每时基于"看多"或"看空"的买与卖，从宏观层面看，具有国民经济"晴雨表"的功能；从中观层面看，反映了行业或板块的景气度；从微观实体看，表现为一家家公司估值的上升与下降；从投资暨投机者单体看，则是理性决策与非理性博弈的交织……不论如何，所有这一切，无不与每一个市场参与者的利益息息相关。

由是观之，证券报道虽然未出经济报道大圈子，但其特殊的读者需求和报道定位，决定了它有别于一般经济报道的基本特性：报道主旨——"增进读者经济利益"；报道主线——"利益—价格—影响价格变动的种种因素"；报道视角——"利益与风险"；报道重点——"资金怎样流动，价格怎样变动"……在新华社新入职大学毕业生培训中，我曾用一个形象的比喻对此进行了概括：要戴着"多""空"眼镜，透过"钱眼"看世界。

就这样，我似乎找到了在瞭望工作后期感觉的"少了些什么"。并且，随着对证券报道或狭义财经报道认识的日益加深，我的新闻价值取向一步步由"仰望星空"转向了"脚踏实地"。

由证券报道走向财经报道

回过头来看，可以说，正是20世纪90年代初，以《中国证券报》《上海证券报》《证券时报》为代表的证券报道的兴起，引领了我国经济新闻和财经新闻媒体的业务转型，使之更加贴近市场，对受众更为“有用”。

然而，一方面，随着证券市场的迅速扩张及其在金融体系以至经济全局中地位的日益提升，市场参与方对相关新闻报道和信息服务的要求也跟着水涨船高。另一方面，随着经济金融化、资产证券化、投资理财大众化趋势的日益发展，众多经济类乃至综合类新闻媒体群起而涌入资本市场的“围城”。于是，不断扩大报道领域，持续提升报道水平，由相对单一的证券报道或狭义财经报道，转向具有鲜明证券报道特色和优势的广义财经报道，成为证券类媒体面临的不以人的意志为转移的必然选择。换言之，当其他媒体纷纷“进城”的时候，证券类媒体势所必然地也要“出城”。

怎样“转向”与“出城”？至少体现在以下两方面。

其一，从报道视角看。如果说，社会经济生活的运行，主要由投融资、生产、流通、分配、消费等环节组成，早期的证券报道或狭义财经报道主要是站在投融资这个环节观察问题，那么，在走向广义财经报道的过程中，我们的视野自然要扩大到社会经济生活的各个环节，全方位、多维度地观察和报道经济问题。只有这样，才能更加全面的为受众提供“趋利避险”的信息服务。

其二，从受众定位看。如果说，早期的证券报道或狭义财经报道主要服务于股票市场投资者，那么，在走向广义财经报道的过程中，势必要逐步扩大服务对象的清单，包括而不限于：生活日渐富裕起来、家庭金融资产有了一定积累的“消费＋投资”大众，对未来收入有着稳定预期的贷款消费者，各类从事投融资交易的自然人、法人，各类从事生产和交易的经济组织，在各类交易中介机构工作的专业人士，各种密切关注国内外经济动向的人们，如企业家、商务人士、官员、学者、专家、媒体从业人员，等等。惟其如此，才能进一步扩大报道影响力，拓展事业发展空间。

当然，在变中亦应有所不变，即要坚持戴着“多”“空”眼镜，透过“钱眼”看世界。

从 20 世纪 90 年代末到 21 世纪初，由股市到公司、由公司到行业、由行业到宏观、由国内市场到国际经济、由经济运行到分析预测乃至理论探讨……中证报迈着时快时慢的步伐，从证券报道或狭义的财经报道，“叠加”式地走向了广义的财经报道。正是置身于这一转型与发展进程，使我对传统经济报道与财经报道的关系，有了进一步的认识：

前者的出发点和落脚点是政治，后者的出发点和落脚点是市场；

前者的主要功能是宣传，后者的主要功能是服务；

前者主要是为大局服务，后者主要是对受众负责；

前者又可被视作政经报道，后者则可被视作信息服务；

前者的历史渊源是机关报，后者得以产生和发展的土壤只能是市场经济；

……

需要说明的是，两者没有高低对错，只是报道定位与职责分工有别。两者也没有泾渭分明的界限，只有报道重点和观察视角的不同。术有专攻，业有分工。理应让专业人员专心致志地做好专门的事，为人民群众提供特需的产品与服务。社会分工如此，媒体行业或媒体集团内部亦如是。这，或许是我在新闻价值取向上的又一次螺旋式递进。

以增进市场透明度为使命

我是幸运的。在中证报工作期间，尽管人手一直偏紧，工作一直很忙，但报社仍给了我两次参加国际培训的机会。

一次是 1996 至 1998 年间，参加了为期 16 周的环境与发展高级培训班，其间包括三次出国与多国学员一起学习交流。通过这个项目的学习，我在全方位开阔视野的同时，比较早地接触并树立了“可持续发展”的理念。

再一次是 2004 年夏，赴英国伦敦政治经济学院，参加了为期两月的财经媒体高级培训班。在这次培训中，一个我此前并不认识的英文单词 Transparency（透明度），在课堂上和讲义中被反复提及。当时，我只是翻词典了解了这个单词的中文语义，并没有什么特别的感觉。可在后来的工作和学习中，结合对信息和信息不对称问题的研究与思考，我越来越感受到了这个单词的意义和分量。

人类自有交易以来，就不可避免地面临了一个永恒的难题：信息不对称。信息不对称的通常表现是，买的不如卖的精。即与对所售商品和服务知根知底的卖方相比，买方永远处于信息弱势。中国那句老话，“王婆卖瓜，自卖自夸”，描绘的就是简单商品交易中的信息不对称现象。现实经济生活中，为什么会出现那么多的售后纠纷、投诉、维权？归根结蒂，大多缘于交易过程中的信息不对称。

实体经济如此，虚拟经济又如何？

资本市场及金融市场的历史与现实表明，如果说，在实体经济的市场交易中，信息不对称现象比比皆是，那么，在虚拟经济的市场交易中，特别是包括股票在内的金融产品的交易中，这种买方与卖方之间的信息不对称，更是有过之而无不及。尽管它们被巧妙地掩盖在了种种为减少信息不对称而设计的制度与程序的外衣下，如投行推介、会计审计、法律背书、信息披露、信用评级、上市审查、市场监管，等等。在股票或债券发行人与投资人之间，在理财产品的发售者与买单人之间，在保险产品推销员与投保人之间，信息不对称的情况屡见不鲜。在大多数情况下，金融产品买方能够看到的，只是一份份不见实物且面临巨大不确定性的“产品说明”。

信息不对称的后果，一是有违公开、公平、公正的市场交易规则，使人们对市场体系失去信心；二是劣币驱逐良币，致使资源错配，市场效率降低。

由此可见，高效的市场交易，健康可持续的市场发展，必然要求信息对称。而新闻报道的天职就是传播信息、消除不确定性、增进透明度、减少信息不对称。正是基于这样的契合点，以服务于广义的市场交易为己任的财经报道的使命油然而生：最大限度地增进市场透明度，最大限度地减少市场交易的信息不对称。

记得《中国证券报》早年曾经发表过许多很有影响的深度公司报道，譬如，《大庆联谊案始末》(1999.12.4)、《胶囊是装着什么“药”》(2000.11.8)、《“四砂”：一个跌落的迷团》(2001.5.9)、《济南轻骑何以翻车》(2001.6.6)、《蓝田股权之迷》(2002.1.25)、《深发展 15 亿贷款流向何方》(2005.4.21)、《丝绸股份近4亿购地款去向何方》(2005.9.16)、《宝硕12.45亿体外运行与债权阴谋》(2007.3.26)、《国祥股份“矿”事五大悬疑》(2008.8.27)，等等。这些报道在揭示大股东利用信息不对称、侵犯多数股东利益、掏空上市公司的阴谋与骗局的同时，与其他日常报道一样，为增进市场透明度，推进市场规范化建设做出了新闻人特有的贡献。

令人颇为无奈的是，在市场交易中，信息不对称似乎具有必然性甚至绝对性。这就使得信息不对称的客观必然与财经媒体致力于减少信息不对称的主观努力，构成了一对似乎永远无解的矛盾。然而，正是这一矛盾及矛盾双方的互动，一方面注定了，财经报道犹如堂吉诃德战风车，是为理想而奋斗的永无止境的过程；另一方面也预示了，财经报道既充满挑战又具有无尽的发展空间。

固然，在推进包括资本市场在内的广义的市场建设与发展中，财经媒体的力量是有限的，财经新闻人也不可能包打天下，但是，作为一支超脱于市场各方利益的重要力量，我们永远不应该缺位、失语。

以上所写，拉拉杂杂，务虚多，纪实少，实在不像一篇纪念文章。为此，打油如下，聊记难忘的中证报岁月。

选题改稿签大样，夜班白班轮流转。
设计版面开专栏，有奖有罚订规范。
市场报道为“三公”，信息服务中小散。
心系民生与国计，但愿绿少红满盘。
力推采编数字化，首创报纸电子版。
评选公司与基金，排名颁奖办论坛。
你追我赶三大报，唯恐落后自扬鞭。
晨起报捆堆满街，仍忧信披未登全。
揭示真相不畏难，欲说真话须担险。
转变机制谈何易，体制改革难上难。
人进人出编辑部，分分合合记者站。

工余挥汗乒乓室，春日郊游小聚餐。
年终评比奖先进，新春联欢笑开颜。
寒来暑往十五秋，鬓角隐隐白霜现。
东边大院调令急，西行走马下一站。

嘀嘀，贻笑大方了！

（2022年5月1日）

股改守望者

中国证券报编委　闻召林

2004年7月下旬的一天，北京友谊宾馆一间不大的会议室中，一场名为“股权分置与资本市场制度风险”的小型座谈会正在进行，时任证监会市场部主任（同时兼任跨部门股权分置改革领导小组办公室主任）谢庚的发言吸引了所有与会者：“现在解决股权分置问题的条件越来越成熟，市场各方的认识越来越深入，看法也越来越趋于统一。从最开始的‘国有股减持’，到后来的‘全流通’，再到现在提出的‘解决股权分置’，三者的含义是完全不同的。‘国有股减持’包含的是通过证券市场变现和国有资本退出的概念；‘全流通’包含了不可流通股份的流通变现概念；而解决‘股权分置’问题是一个改革的概念，其本质是要把不可流通的股份变为可流通的股份，真正实现同股同权，这是资本市场基本制度建设的重要内容，而且解决‘股权分置’问题后，可流通的股份不一定就要实际进入流通，它与市场扩容没有必然联系……”

发言内容不仅让与会者耳目一新，次日经中国证券报要闻版刊发后，更是引发了众多市场人士的强烈关注，他们敏锐地觉察到：中国资本市场一项重大改革的启动条件越来越成熟了。

9个月后，2005年的“五一”假期前，国务院批准中国证监会正式启动股权分置改革试点。这场“摸着石头过河”的改革一经推出，市场各方便迅速取得共识。其后的一年多时间里，改革从试点到全面推进，势如破竹，市场也以一波空前的长牛（沪综指从 1000 点左右涨至最高 6000 多点）来回应这场改革。以四大行为代表的一大批龙头企业陆续登陆 A 股，市场彻底消除“边缘化”的担忧。众多创业企业实现IPO，市场资源配置功能进一步得到实现，创业者激情得到激励，机构投资者迅速壮大，资产管理市场不断成长，居民财富增值效应日益显著。

从 2001 年国有股减持引发全市场担忧，到 2006 年股改的全面推进，这项改革经历了五年多时间。在这一漫长的过程中，无论是在群情激愤的试错争论期，还是在改革启动的高光时期，中国证券报始终坚持为改革营造良好的舆论环境。尤其值得一提的是，在市场对试点方案形成前持续走弱、各方悲观质疑情绪蔓延的关键阶段，中国证券报作为资本市场的主流报纸，更是体现了使命担当，大胆启动 A 股市场“边缘化”大讨论、不断推出专题讨论、组织豪华专家阵营，同时投入大量版面资源，为市场各方提供交流和交锋的平台，为推动改革共识的形成持续鼓与呼。

试错与反思

2003 年前后，经过两年多的试错与反思，关于“国有股减持”和“全流通”的大讨论进入一个尖锐分歧阶段。这一年，宏观面更是发生了两件大事。一是“非典”疫情暴发，但让人没想到的是，这一年中国经济非但没有失速，反而在短暂减速后一举突破连续五年增长徘徊的僵局，步入新的景气周期。二是党的十六届三中全会召开。会议提出：“积极推进资本市场的改革开放和稳定发展，扩大直接融资。建立多层次资本市场体系，完善资本市场结构，丰富资本市场产品。规范发展主板市场，推进风险投资和创业板市场建设。”“大力发展机构投资者，拓宽合规资金入市渠道。”不过，这一年里，A 股的表现却与政策面、基本面形成巨大背离：全年二级市场持续阴跌，A 股“边缘化”“荒漠化”的讨论不绝于耳。之所以出现这种反差，最大的原因就是市场的制度性缺陷。一年中，伴随着“国有股减持”概念向“全流通”转化，并进一步提出了“股权分置”概念。在这个里程碑式的一年，为了厘清问题、减少分歧、达成共识，中国证券报对改革话题强力聚焦。8 月召开“中国证券市场发展问题座谈会”，启动市场“边缘化”大讨论。组建豪华专家阵营，进行了“全流通”“流通股股东权益保护”“全流通原则和方案”“股市发展动力”等系列论坛。同时，中国证券报投入大量版面资源，推出数十个专栏和专版，为市场各方提供交流和交锋的平台。作为新华社旗下一份权威财经媒体，中国证券报推动和引导这么一场事关市场发展的热点话题，受到全市场高度关注。

共识与破冰

伴随着 2004 年的到来，改革共识逐步形成，破冰时机成熟。

这一年的 2 月 1 日，《国务院关于推进资本市场改革开放和稳定发展的若干意见》发布，简称“国九条”。“国九条”与早在 2001 年 6 月国务院发布的《减持国有股筹集社会保障资金管理暂行办法》（这个文件引发了“国有股减持”大讨论，客观上形成了解决股权分置问题的市场预期）形成呼应，把解决股权分置问题从资本市场基础制度建设的高度提上日程。

尽管“国九条”2004 年的年初已出台，但二级市场似乎没有报以积极的反应，反而持续走弱，上证指数从年初的 1600 点左右一路跌至 1200 点左右。原因是中小投资者对这项改革的认知，依然停留在原先大股东变现减持的层面。为了帮助中小投资者理解这项改革，中国证券报和众多财经媒体一起，以落实“国九条”为纲，推动了贯穿全年的股权分置改革报道的浩大声势。

通过这一年的报道，中小投资者终于认识到：没有股权分置改革，A 股市场扭曲的证券定价机制就不会彻底改变；没有股权分置改革，A 股公司治理永远缺乏共同利益的基础；没有股权分置改革，上市公司的并购重组永远不会顺利推进；没有股权分置改革，A 股市场国际化进程和产品创新也永远不会顺利启动。

通过这一年的报道，非流通股股东和流通股股东达成了妥协与共识：要解决股权分置问题，非流通股股东就一定要给流通股股东补偿，并且这种“补偿”不是一个“让利”的概念，而是一个“利益机制的平衡”。

通过这一年的报道，市场各方最终在改革的步骤上达成了共识，那就是“试点先行、协调推进、分步解决”。2005 年 5 月 9 日，“五一”假期后首个开盘日，三一重工、清华同方、紫江企业和金牛能源四家推出股权分置改革试点方案。几天后，三一重工全市场第一家推出股改方案，全球财经媒体派出的数千名记者云集三一重工湖南总部，一时成为全球财经领域的超级“网红”事件，三一重工也就此开启了挺进全球 500 强的商业传奇。

对于 A 股市场来说，历经多年酝酿终成正果的股权分置改革，何尝不是一个更具影响力的传奇。那个曾经被质疑为“边缘化”“荒漠化”的 A 股市场，如今已经以 90 万亿人民币的体量雄踞全球第二。在这一传奇市场快速成长的过程中，在股权分置改革的进程中，中国证券报不仅是忠实的记录者，更是市场改革与发展的守望者与推动者。

因为专业 值得信赖

——多次精准预判货币政策走向，为投资者提供决策参考

中国证券报编委 费杨生 中国证券报记者 彭扬 赵白执南

三十年来，作为深耕证券市场的专业媒体，中国证券报一直以专业笔触报道宏观经济金融中的重大和热点问题，自然包括三十年来货币政策的点点滴滴。

在这三十年来，我们紧跟货币政策动向，采访权威专家，向市场释放准确信号；我们第一时间关注新创设的货币政策工具，深入研讨细节，与市场紧密联系。

2004 年，时任央行货币政策司司长易纲接受本报专访，对当时的货币政策调控方向进行了权威发声。彼时宏观经济出现了投资过热、物价上升迹象，货币政策改变了从 1998 年至 2002 年长达五年的偏松操作，开始由“松”转“紧”。易纲在接受本报记者专访时明确表示，稳健的货币政策近期取向适度从紧。

时隔两年的 2006 年三季度，本报再次预测紧缩货币政策仍可能继续出台，以维持一定的紧缩力度，防止货币信贷反弹。作为“深度”冻结流动性、抑制货币信贷过快扩张最直接的手段，存款准备金率的小幅上调或成为下一

步紧缩政策的内容。此后，人民银行的货币政策操作证实了我们的预测。

值得一提的是，2007 年人民银行三提准备金率后，在市场人士开始热议下一次加息的时间表时，本报刊发言论报道率先指出，从我国目前情况看，比加息更重要的是加速推进利率市场化改革。往后看，利率市场化改革成为贯穿此后十几年货币政策的重要主题之一，而在当时利率市场化仍然是比较新鲜独到的，体现了本报在货币政策领域的前瞻性。

2008 年—2009 年美国次贷危机时期，本报对货币政策的关注更加紧密。2008 年年底，我们专访了中国社会科学院学部委员、时任中国社科院金融所所长李扬，谈及适度宽松货币政策下汇率、利率走势，李扬当时表示，存贷款利率市场化必须要有与存贷款相竞争的可交易产品，例如各种存单、开放式基金、债券等，并建议充分发展债券市场。

2010 年，时任中国人民银行行长周小川在韩国釜山接受本报记者专访时表示，经济刺激政策退出将主要取决于国内情况。时间向后推进一年，在 2011 博鳌亚洲论坛年会期间，周小川在接受包括本报在内的几家媒体联合采访时表示，当前居民消费价格指数（CPI）涨幅高出政府工作报告提出的控制目标，要采取多种方式克服其偏高的问题，一定要消除通胀走高的货币因素，这是货币政策适当收紧的重要原因，这一趋势会持续一段时间。

2011 年当年，相关部门做出 10 次重大货币政策调整，本报 8 次做出了准确预测，体现了我们在报道货币政策方面的专业和权威。中国证券报的言论、社评经常成为海内外媒体解读中国股市的重要参考。一向挑剔的西方媒体，在报道中国经济和资本市场时，常常将中国证券报作为重要的信息来源。路透社评论说："中国证券报在宏观政策预测方面有良好记录。"2011 年路透社和彭博社共转载和引用中国证券报新闻 529 篇，2012 年上半年仅路透社就转载和引用 116 篇。

在货币政策重新回到稳健略宽松的 2014 年—2015 年，利率市场化改革、人民币汇率形成机制改革成为宏观经济政策的关键词，不过这两项改革都可能推高实体经济融资成本。我们准确判断出，后续货币政策操作将加大微调力度，不排除象征性下调存款准备金率的可能。事实上，我们的预测也一如既往的兑现了。

2018 年 7 月 3 日，人民银行行长易纲就近期外汇市场情况接受中国证券报记者采访。易纲表示，近期外汇市场波动主要是受美元走强和外部不确定性等因素影响，有些顺周期行为。易纲还透露了下一步货币政策走向。他表示，我国将继续实行稳健中性的货币政策，深化汇率市场化改革，运用已有经验和充足的政策工具，发挥好宏观审慎政策的调节作用，保持人民币汇率在合理均衡水平上的基本稳定。

2020 年的元旦，我们当天中午刊发了预测降准的文章，人民银行下午即宣布将于 1 月 6 日降准 0.5 个百分点。此后，市场预期春节前后可能存在"降息"窗口。我们刊文指出，当前货币政策调控窗口已打开，既要珍惜正常的货币政策空间，也要多方综合考虑经济增长、通胀预期、汇率稳定等因素，加强逆周期调节。

事实上，人民银行运用了逆回购操作等工具维护市场流动性充裕，但在新冠肺炎疫情暴发后，央行于 3 月再次实施普惠金融定向降准，仍然体现了珍惜正常货币政策空间的取向。

2021 年初，新冠疫情形势有所好转，在市场对货币政策是否会转向"偏紧"充满猜测时，我们率先刊发言论报道，认为货币政策不会"急转弯"。之后，2021 年人民银行工作会议重申稳健的货币政策要灵活精准、合理适度。我们再次刊文指出，这将进一步打消市场对货币政策"转弯"的疑虑。无论是从特殊时点还是从全年看，人民银行呵护资金面平稳的立场都不会改变。应急式政策的退出将呈"缓退坡"态势，以保持政策连续性，报道有力地提振了市场信心。

对于后续货币政策走向，我们在稿件中判断，总的来看，市场该有的"钱"，"央妈"不会吝啬；同样，市场不该多的"水"，"央妈"也必然不会"大水漫灌"。可以预期的是，未来货币政策将更注重灵活、精准，及时应对各种"特殊时期"，保持流动性合理充裕，同时对小微企业、绿色经济、科创领域等加大支持力度。

此外，近年来，央行在货币政策工具箱中创设了许多新的工具，我们都在第一时间予以关注、报道，包括 TMLF、碳减排支持工具、各种专项再贷款、结构性货币政策工具等。我们对于新工具的实施方式、细节进行专业探讨，始终走在报道货币政策变化的前沿。

资本市场从来不缺乏声音，但是理智、专业的声音尤为可贵。在报道货币政策方面，我们始终紧跟监管动向、采访权威专家，力求为投资者提供最准确的信息。未来，我们将始终坚持专业理念，将最中肯、最前沿的货币政策报道呈现给投资者。

担智库之责　纳睿智之言　献务实之策

中国证券报编委兼公司与产业新闻部总监　张朝晖
中国证券报记者　杨洁

对于“资本市场之大者”，中国证券报一直以来承担着新型智库的角色，肩负着“责之重任”。要观大势、谋大局、出大策、著大作，为资本市场高质量发展提供有序、有力、有效的决策支撑。既可以是决策机构的“千里眼”和“顺风耳”，又以专业的能力成为监管机构的“外脑”和顾问。

2019 年 10 月，中国证券报接到有关部门委托，希望能以媒体第三方视角，摸底调研科创板运行以来各市场主体的满意度，从而对进一步完善科创板及注册制提出建设性意见。经过我们的周密设计及高效执行，这次调研在短时间内取得丰硕成果，彰显了中国证券报作为决策者智库的能力。

彼时，恰逢科创板宣布设立近一周年、各项基础制度落地开板运行近百天之际，社会各界关于科创板的讨论不绝于耳。科创板是中国资本市场改革的重要抓手，本身就是中国证券报紧密跟踪、重点报道的重大议题。

如何评价科创板这块“试验田”取得的改革成效，制度上还有哪些需要调整和优化的空间，未来科创板的改革经验能否有效推广到全市场……这不仅是我们希望通过报道反映的问题，也是监管层迫切想要听到的声音。因此我们很快接受了监管层的调研委托，组建调研小组，迅速进行调研方案的制定和实施。

在制定调研方案时，我们充分发挥新闻媒体优势，采取定量加定性的调研方法，一方面，向企业、投资者、中介机构、创投机构发放问卷，针对不同类型市场主体，我们设计了不同内容的问卷；另一方面，采访科创板企业、会计师事务所、律师事务所、保荐机构、创投机构、基金公司、“独角兽”公司等高管，以及专家学者。这样一来，最终调研结果能做到既有数据，也有观点，论据翔实。

我们利用两周时间收集了二百多份问卷，采访了数十位相关人士。通过调研发现，问卷对象和访谈对象对科创板和注册制普遍评价较高，科创板从无到有运行至今已经取得符合预期甚至超出市场预期的成绩。但科创板在审核注册、信息披露、询价定价、交易制度等环节仍有改进空间，并提出了针对性建议。

例如，在询价定价方面，四成投资者认为，投价报告指导意义不强，市场化定价沦为“打新”，还有投资者建议取消 10% 高价剔除制度等。在信息披露方面，受访者希望能注重保护企业核心技术和商业机密。在多层次资本市场定位方面，有部分受访者希望进一步明晰科创板定位，并与创业板区分开来。还有不少受访者建议科创板尽快落实对外开放的国际化政策举措，实现国际资本参与、全球资本流动等。

回望这些建言，有不少已体现在后续出台的科创板相关制度文件中。例如，在进一步明晰科创板定位方面，2020 年 3 月证监会和上交所发布《科创属性评价指引（试行）》及《科创板企业发行上市申报及推荐暂行规定》，推出“科创属性”评价体系，明确了企业的科创属性定量标准，2021 年 4 月上述两个文件再次修订。

又如，询价机制是注册制改革重要环节，我们的调研结论是希望推进市场化定价进程。2021 年 9 月，证监会、沪深交易所、证券业协会发布注册制下发行承销一系列规则，通过完善高价剔除比例、取消定价突破“四数孰低值”时需延迟发行的要求、加强询价报价行为监管等内容，促进买卖双方均衡博弈，提升发行定价市场化水平。

这次调研活动充分说明，作为一家有 30 年历史的权威证券媒体，中国证券报不仅是中国资本市场发展进步的见证者，更成为中国资本市场改革完善的推动者。中国证券报以深入资本市场实践、关注机构意见、解读回应市场关切来充分凝聚共识，是监管机构与市场主体交互的桥梁，有利于促进形成集众策、谋良策的良好格局。

我们真诚希望在未来能持续见证并推动中国资本市场改革取得更多成效。

第二部分
30 年，护航守望改革

力求贡献点滴　不负光阴逆旅

财政部原财政科学研究所所长、华夏新供给经济学研究院
创始院长　贾　康

我和中国证券报相识相知的历史，贯穿了整个中国经济的高速发展期。在将近30年时间里，作为一名读者兼作者，与中国证券报一起成长，努力为中国经济与社会贡献出自己的一份力量。就像我在中国证券报上写过的一篇文章一样，“力求贡献点滴，不负光阴逆旅”。

结缘于20世纪90年代

20世纪90年代后半期，我就开始在中国证券报发表署名文章，从此不仅作为读者，而且身为作者和中国证券报结缘，至今已经快30年。从我发表的署名文章和接受中国证券报记者专访的主题来看，涉及财政领域、宏观领域，还包括一些市场的热点话题。

最初在中国证券报发表文章，是因为自己在研究财政、金融、宏观经济与政策的过程中，形成了一些研究成果、观点以及建议，有了发表出来以促进更广泛探讨的需要。

在研究生涯之初，我将财政税收作为自己的专业领域，但随着研究深入，

越发觉得研究财政需要覆盖经济社会发展的方方面面。我很认同这样一句话：要把财政研究好，必须跳出财政看财政。要有通观经济和社会运行的全套认识，然后再回头看财政应该如何服务全局。当然，服务全局自然就包括我国金融的发展和创新，其中的金融发展创新就与我国的资本市场、直接融资领域密切相关。

在我的认知里，财税和金融的研究不宜截然分家。1984 年我还在财政部财政科学研究所读研时，获邀参加了那年的莫干山会议，并被分到住地位于芦花荡的金融组，这就是财政和金融合并讨论的一个组别。到了 20 世纪 80 年代中后期，我在财政科研所正式担任研究人员后，在各种研讨活动中与金融界人士的联系更加频繁，也就为后续做金融领域的研究增加了一些铺垫。

在我看来，中国证券报一个很大的特点，就是不局限于证券和金融领域，包容性很强，为我们这样的学者提供了一个很好的平台。

既是读者 也是作者

现在看几十年间，我既是中国证券报的读者，也是中国证券报的作者。一路走来，我研究领域的覆盖面也在不断拓宽。后续的研究重点中，我在持续关注资本市场的同时，又曾经聚焦于国债期货市场、股份制改革问题、股市震荡引发的其如何健康发展等课题，相关的研究成果我也很愿意选择在中国证券报发表。

另外，从近 30 年来看，已发表过的文章和接受的采访，也从一个侧面反映了我国财税改革几十年来走过的历程，并可展现宏观调控的几个周期。

财税制度改革需要研究人员作长期的钻研，并且现实意义很大，是一个通过相关制度设计和制度安排结构的改变来增进社会总福利的过程。比如，从 20 世纪 90 年代分税制改革看，它和社会方方面面都有内在联系，因为财政服务于经济社会的各个方面，它的体制和政策作用也渗透到所有的现实生活场景中。

我们在 20 世纪 80 年代后期提出的我国应确立以分税制为基础的分级财

政的改革方向，就对我国 20 世纪 90 年代中期实施的分税制和分级财政改革及其以后的深化推进，发挥了积极作用。

再往后看，2007 年党的十七大报告中，对深化财税改革提出了“健全中央和地方财力与事权相匹配的体制”的要求，这不仅对我国财税体制建设提出了更高要求，也意味着财税改革面临一些新的发展机遇。

我在《财税改革面临新发展机遇》一文中指出，从分税分级体制长远发展考虑，还应探索在控制、消化地方政府已有债务的前提下，如何结合预算法的修改，适当发展规范的地方政府市政债等地方公债，这也是使我国地方政府财力与其事权相匹配的一个有必要作出积极试验的制度创新，其后我国的改革实践，一直推进到终于以修订预算法而使地方政府公债发行制度规范化地登堂入室。

在财税改革过程中，企业负担问题需要长期予以关注。在我看来，降低我国企业的负担不能只看征税，更要看到企业负担的“全景图”。在接受中国证券报记者采访时，我专门谈过这个问题，我国企业负担的一大“特色”是税外负担和隐性负担沉重。因此，减税降负迫切需要必须认清企业负担的“全景图”，积极而理性地讨论税与非税负担各应当“减什么”，这是解决问题的关键。

对于近些年大家比较关注的房产税，我也在中国证券报发表过多篇署名文章，并接受过很多次专访来探讨这个热点、难点议题。2011 年 9 月 15 日，我在中国证券报发表的署名文章中强调，房产税改革应该给公众一颗“定心丸”。我认为出于公心才能长远看这个问题，在党和国家推进现代化的大方向下，如何构建税制框架逐渐解决攻坚克难的制度建设问题，这是一个比较复杂的过程，要有改革的高瞻远瞩和胆识与决心，也要有方案的可行性与必须具有的审慎。

后来，我们又以课题组名义在中国证券报发表过一整版的文章，研究内容是总体配套的财政税收制度深化改革的思路、要点和基本方案设计。当时课题组的牵头人是原国家开发银行副行长刘克崮，他在财政部工作多年。我是当时课题组的主要负责人之一。

从宏观领域看，在几轮宏观调控的周期中，对于调控政策的变化，不同阶段公众关心的问题，我都曾通过中国证券报有所回应和解读。

我在2016年初接受中国证券报记者采访时明确提出，2016年经济运行有望阶段性探底。这次采访有力地配合了提振市场信心，尤其是我还在中长期的展望强调提出，未来应着力优化供给侧环境与机制并大力推动财税、国企等方面的综合配套改革，从而释放经济社会发展的潜力、活力，提升经济增长质量。

推动重启国债期货市场

除了在财政部财政科学研究所的相关研究工作以外，我有幸担任了第十一届、第十二届全国政协委员。在此期间，我累计提交了几十份提案，其中有与资本市场相关的建议意见。通过提交这些提案，争取对经济金融领域的发展起到一些实际推动作用。

例如，2013年两会期间，我建议尽快重推国债期货、完善国债发行和管理体系。中国证券报在当年的两会报道中着重对这份提案进行了报道。

我认为国债管理体制在我国金融体制中至关重要，国债期货交易带来的国债发行效率的改善，不仅能促进债券一级市场的发展，提高债券融资占全社会融资总额的比重，更好地服务实体经济，而且对于降低国债发行成本、完善国债管理体制、促进财政在“扩内需、稳增长、调结构、促民生”中发挥更大作用，以及优化我国宏观调控机制，具有重要现实意义。

同年8月30日，证监会宣布，同意中国金融期货交易所挂牌5年期国债期货合约，并拟定于9月6日上市交易。同日，中国金融期货交易所发布《5年期国债期货合约》及相关规则，标志着中断了18年的国债期货重新回到市场。这也从侧面说明，我在中国证券报上的发声，对推动重启国债期货市场起到了积极作用。

提到资本市场，不能不说中国证券报举办的金牛奖系列颁奖活动。这些年，我多次参加金牛奖活动。比如，2011年的中国证券业金牛分析师颁奖典礼暨高峰论坛、2019 年的提高上市公司质量高峰论坛暨第 21 届上市公司金牛奖颁奖典礼等。在此过程中，我与中国证券报的熟悉程度不断加深，成为老朋友。

今年是中国证券报成立 30 周年，一路走来，可以看到中国证券报坚守初心，用开阔的视野持续报道我国金融市场发展与变化。展望未来，我希望中国证券报能在中国资本市场的改革深水区，继续推动制度创新的攻坚克难、助益经济社会健康发展，将报纸越办越好，在经济领域发挥更加积极的作用！

见证推进三支柱养老金改革

中国社科院世界社保研究中心主任　郑秉文

2010年我在中国证券报发表的《2万亿“养命钱”面临贬值风险》一文，推动了基本养老保险基金投资改革。我在中国证券报刊发的多篇文章得到了领导批示，推进了养老保险制度改革。作为改革的亲历者、推动者，我与中国证券报一同见证了养老金三支柱改革的全过程。这是媒体为推进包括养老金在内的各项改革作出的积极贡献。

中国证券报的“常客”

追溯与中国证券报的渊源，要回到大约20年前。2003年，中国证券报约稿要求介绍国外养老基金投资情况，我对此早有一些思考，就应邀首次在中国证券报发表了主题为“养老基金与资本市场”的系列文章，共7篇。每篇文章篇幅大致在半个版到一个版，7篇文章约有五六万字。自此之后，我就成了中国证券报的“常客”，持续发表关于全国社保基金和主权养老基金改革的文章。

这些年，我在中国证券报刊发了近百篇文章，总字数在40万至50万字，涉及领域可归纳为十个方面。一是养老金与资本市场互动关系。二是企业年金方面的研究，我几乎每年都有针对企业年金改革建议的文章。三是关于主权养老基金和全国社保基金。四是关于延迟退休和退休双轨制改革。五是有关人口老龄化对养老金制度、养老保险制度的影响。六是关于第一支柱城镇职工基本养老保险基金投资。七是关于第三支柱改革发展。八是介绍欧美国家养老金投资体制、公司投资策略、基本养老保险制度。九是关于医改的意见建议。十是宏观经济方面的思考，比如中等收入陷阱等。

总的来说，我与中国证券报的渊源来自我的学术兴趣，也来自报社编辑长期约稿形成的合作惯性。一方面，发表的文章多了，宣传了养老金理论，推动了养老金制度、企业年金制度改革；另一方面，报社的重视对我的学术进步起到了正面激励作用。我衷心希望中国证券报在中国财经类媒体中独树一帜，一如既往地做好中国资本市场健康发展的记录者和推动者，也希望继续加深合作，在中国证券报发出激浊扬清、思想涤荡的独家声音。

推动第一支柱投资体制改革

这些年，我在中国证券报刊发的多篇稿件得到批示，并推动了多项重点领域的制度改革。

值得一提的是，2007 年 10 月，《“两种退休制度”带来的深层思考》在中国证券报刊登之后，经相关部门形成材料上报，并得到批示。

我在中国证券报刊发的文章中写道，“在中国社会保障制度转型过程中，根据国际惯例，纳入转型的群体是渐进式的，机关和事业单位暂时没有进入改革范畴，所以从社保制度转型的角度看，解决企业人员退休待遇既是一个历史遗留问题，也是国家需要支付的一项重要转型成本，其重要意义与做实账户的转型成本的性质一样，这是中国经济转型与社保制度转型必须要支付的成本。但是，从这次调整待遇的决定引起的社会反响来看，结合欧洲某些国家社保制度‘碎片化’后果，我们可以从‘两种退休制度’引申出如下三点启示：首先，多种退休制度并存是导致社会不稳定的一个潜在根源；其次，碎片化制度具有不断推动中央财政加大支出的趋势；最后，社保制度改革应制定具体方案和时间表。”

2010年，关于人口老龄化的文章《2049年：谁将拖累中国竞争力》，预测了人口老龄化的发展趋势对养老金制度的影响，以及对经济增长的影响，得到高层批示。国务院老龄办还拿着批示找到我，让我承担了一个人口老龄化影响养老保险可持续性的课题。

上述文章指出，作为最大的发展中经济体，目前中国人均GDP刚刚进入中等收入组的下沿，社保制度刚刚建立十几年，在其他政策和条件不变的情况下，在未来40年里，也就是说，大约在新中国成立100年时，中国社保制度面临的挑战要比欧洲更为严峻，尤其与美国相比，“未富先老”和“幼稚社保”有可能使老龄化和社保财务负担成为中国的一个拖累，中国竞争力有可能受到巨大影响。

另外一篇记忆犹新的文章是2010年9月8日在中国证券报刊发的《2万亿“养命钱”面临贬值风险》。该篇文章影响较大，对推动基本养老保险投资体制改革发挥了积极作用。

文章指出，社保基金规模快速扩大，令人喜忧参半。喜的是社保基金实力极大增强，彻底改变捉襟见肘的被动局面；忧的是投资收益率还不到2%，没有跑赢2.2%的CPI（2000年–2008年），处于贬值状态，且规模越大，贬值风险越大。目前社保五险基金的投资渠道只有存银行和买国债，不到2%的名义收益率既低于国外任何一个实行国债投资的收益率，也低于国外任何一个实行市场化的投资收益率，几乎是世界上收益率最低的。如此低的投资收益率显然非制度设计者的初衷，而是社保制度统筹层次太低的被动结果。文章建议先易后难，分三步走，迅速启动社保基金投资体制改革程序。第一步为临时阶段。建议在1–2年内为满足社保基金保值的需要，对2万亿元基金全额发行特种定向社保国债，彻底解决地方社保基金购买渠道问题，赢得时间，将社保基金的利息损失降到最小。第二步为过渡阶段。我们应抓紧利用这1–2年的临时阶段，彻底梳理社保基金的管理体制，对五险基金投资管理体制分门别类予以改革，实现社保基金投资体制的市场化与资产配置多元化，提高整体收益率。第三步为深化改革阶段。例如从2013年开始，将社保制度深化改革的任务提到案头，正式启动基本养老保险基金投资体制改革。

2010 年 11 月 23 日下午，人社部基金监督司领导召集包括我在内的十多名学者开会，宣读了领导批示内容，按照批示精神先做案头制度设计工作，并将全球基本养老保险投资体制分为三种类型。学者分成三组，每组负责一个类型的写作，分别介绍国外基本养老保险投资体制的特征与运行机制，供决策层参考。由此，养老保险基金投资体制改革依序展开。

推动第一支柱基本养老保险基金尽快建立市场化投资体制是我在中国证券报发文的重要主题之一。

见证第二支柱改革的几个关键点

除主权养老金基金和第一支柱养老保险之外，作为养老金制度改革的亲历者，中国证券报和我都完整见证了第二支柱养老保险的改革全过程，尤其是在几个重要的改革节点，中国证券报多次举办专业性学术研讨活动，成为推动多层次多支柱养老保险改革的主阵地。

例如，2014 年 11 月 17 日，在由中国证券报和泰达宏利基金管理有限公司联合主办的 2014 中国养老金论坛上，我提出建议，为推动第二支柱企业年金的发展，应尽快建立养老基金管理公司。实际上，从 2004 年建立企业年金制度开始，几乎每年我都在中国证券报发表第二支柱企业年金改革的论述，介绍 OECD 企业年金治理准则的主要内容及其借鉴，曾多次发表系列文章，对完善企业年金制度提出较为系统设想，呼吁建立专业性养老金投资管理机构，尽快扩大企业年金的参与率，引入自动加入机制，赋予职工个人投资选择权，引入生命周期基金，缩小甚至取消企业主单位缴费的归属期，提高企业年金的透明度和激励性，进而提高企业年金中职工的主人翁意识，降低企业雇主建立企业年金的门槛，并从 2007 年开始发文提出要注意受托人“空壳化”现象，建立“捆绑式”养老金管理公司等。

我国第二支柱养老金建立的是 DC 型（缴费确定型）信托制，很像美国的 401k。这是全球化浪潮中非常适应劳动要素加速流动的年金模式，是顺应全球养老金改革潮流的，发达国家纷纷放弃传统的 DB 型（待遇确定型）模式，转向 DC 型。2007 年，针对有关情况我发表了一篇文章，虽然国内对 DB 型企业补充养老金计划有需求，尤其国企有需求，但还是应该坚持发展 DC 型计划，对 DB 型制度不应开口子，不应平行地再建立一套 DB 型制度供企业选择，对国企而言可以防止他们的道德风险，确保国家的利益。对私企而言，他们的道德风险很可能就在于为了逃避责任而把包袱故意甩给社会，最终还要国家出面解决，因为我国企业生命周期较短，企业退出或破产后 DB 型企业补充养老保险制度的承诺成为泡影，容易把包袱甩给社会或政府，不利于社会稳定。在转折时期我国不应为 DB 型开口子，中央领导对这篇文章进行批示，对中国避免建立 DB 型制度发挥了重要作用。

此外，针对企业年金另起炉灶的一些舆论和建议，我在中国证券报发表整版长文《“中国版 401k”路在何方——对当前热炒“中国版 401k”的九点看法》，主张企业年金虽然存在这样那样的问题，但不应重起炉灶，而应在现有基础上不断完善枝节问题。

经历第三支柱改革全过程

第三支柱个税递延型商业养老保险最开始由原保监会在 2007 年提出，当时拟在天津试点。中国证券报持续刊发关于个税递延型商业养老保险的文章，2017 年我和我的团队集体在中国证券报发表文章，支持和呼吁尽早进行递延型商业养老保险试点。

为应对人口老龄化，日前发布的《国务院办公厅关于推动个人养老金发展的意见》明确，第三支柱个税递延型商业养老保险升级为个人养老金。第三支柱个人养老金制度究竟是为多数人建立的制度，还是为少数人建立的制度？很显然，中国个人养老金的功能定位应是大众养老金，应是推动和促进实现共同富裕的基础性制度，而不应是为少数人建立的制度。实践证明，只有定位清晰，才能按照定位去动员全部政策资源，使制度达到设计者的预期。

养老金还将助力资本市场繁荣，一是可以增加手握长期资金的机构投资者数量；二是能提供长期股权资本。在第三支柱改革方面，建议一是要引入自动加入，二是要实现全民覆盖，包括 18 岁以下没有进入劳动力市场的人，超过法定退休年龄的人也应自愿决定是否提取养老金。

此外，要提高第一支柱制度的激励性，以提高制度财务的可持续性。要提高制度的财务可持续性，首先要提高制度的激励性，鼓励参保人足额缴费，按真实费基和费率缴费，鼓励多缴多得、长缴多得。如果激励性不好，2 亿灵活就业人员到了最低缴费年限就停滞观望了，正规就业人员就不按真实收入作为缴费基数进行缴费，产生的缺口就需长期依赖财政；还要提高市场化投资的基金规模，目前有近 5 万亿元基金余额，但委托给全国社保基金只有 1.6 万亿元。

鉴于人口老龄化的发展趋势，目前大力发展多层次多支柱养老保险体系正当其时，而第二、第三支柱养老保险制度能否不断扩大覆盖率是多层次多支柱养老保险体系的关键指标。

作为专业财经报刊、中国证监会指定证券市场信息披露媒体、资本市场发展历程的记录者和见证者，中国证券报 30 年来及时报道国民经济和证券市场各层面信息，帮助受众把握宏观政策和市场走势，为投资决策提供有效参考，也肩负着积极建言献策的使命担当，推动多项改革奔涌前行。30 年来，中国证券报基本见证了我的职业成长。我非常珍惜与中国证券报近三十年的缘分。祝愿中国证券报越办越好，继续为广大投资者持续奉献权威、专业、客观的财经证券新闻资讯。希望更多的专家学者、从业人员通过中国证券报这样的权威平台，担当推动市场化改革发展的使命，为中国经济健康成长建言献策。

改革创新的缩影　我的良师益友

——写给三十而立的中国证券报

全国政协委员，中央财经大学金融学院教授、
博导，证券期货研究所所长　贺　强

30年时间，一个婴儿可以长大成人。光阴如梭，给我人生中留下许多难忘而美好记忆的中国证券报已经到了而立之年。

中国证券报的30年，是我国企业股份制改革与证券市场创新发展的30年。在30年的时间里，我与中国证券报结下了不解之缘。

在我国经济体制改革初期，人们积极探讨的重要问题就是我国企业应该如何改革，市场应该如何创新。我在1985年就开始对股份制进行了研究，写出《股份制是公有制一种新的实现形式》的论文，在1986年初发表在中南财经政法大学校刊上。1989年4月，我与北京大学教授萧灼基等专家一起去昆明参加了全国股份制理论与实践研讨会。当时我深刻地感受到，中国企业改革实践已远远地走到了理论的前面。

1990年12月19日，上海证券交易所正式开业。我在1991年对上海证券市场进行了考察。可以说，股份制与证券市场给中国企业开拓了一片全新的天地。可惜在当时可以公开看到的股份制与证券市场的资料很少，这让大家

的研究存在很大局限性，投资也存在很大盲目性。

1992 年出现一件非常值得庆幸的大事。当年 10 月，中国证券报社成立。1993 年 1 月初，中国证券报正式出版发行。中国证券报每天都给研究者和投资者提供大量有关股份制和证券市场的信息，及时满足了人们了解新生事物的需要，成为我们的良师益友。

我不仅一直在研究股份制和证券市场，也是北京较早一批股民。当时股民炒股票没有什么公开信息来源，主要靠市场中的小道消息，因此投资经常失误。

在证券市场，中国证券报以其权威性、准确性、及时性，为投资者提供了大量有价值的信息。因此，当时我们投资股票养成了一个习惯：每天很早就赶到证券公司营业部，先在报摊买一份当天发行的中国证券报，抓紧时间迅速浏览政策和消息，以此作为判断行情走势、作出投资决策的重要参考。

我不仅每天早晨必读中国证券报，股市收市以后还要再次认真地读报学习，这些是每天必做的功课。

我对中国证券报非常珍爱，把每月的报纸都装订成册，包括创刊号及后来几年的报纸。可惜为了编辑中国证券市场十周年书籍，我把这些珍藏的中国证券报提供给编委会，最后丢失了，直到现在我都觉得这是一件非常可惜的事情。

1994 年 4 月，中央财经大学成立了国内第一家证券期货研究所。我为研究所确立了三个宗旨：第一，理论与实践密切结合；第二，宏观与微观密切结合；第三，国际与国内密切结合。从那时开始，我们对国内证券市场进行了全方位、系统性深入研究。

中国证券报给我们的研究以很大的支持和帮助。那时，社会上有一股巨额游资冲击股市、期市。1995 年 8 月，我们研究所举办了巨额游资理论研讨会。为探明巨额游资形成的原因以及给市场带来的影响，我与当时国内非常著名的金融专家刘光第先生一起撰写了长篇论文《巨额游资与体制渗漏》，中国证券报及时对我们的研讨会进行了报道，并刊登了这篇论文，引发社会对巨额游资的广泛关注，极大地提升了我们研究所的知名度。

在中国证券报的助力下，我们对股份制与证券市场的研究不断深入。我通过在产权层面分析国营企业、国有企业与股份制企业的不同特点，提出了企业三重产权模式理论分析。同时，我根据对经济和政策的系统研究，以及在股市积累的操作经验，提出了经济周期、政策周期与股市周期互动关系研究。从总体上对股市运行的特点、趋势进行综合分析。我们的研究工作得到了中国证券报的大力支持，研究成果都及时发表在中国证券报理论版，引发很大的社会反响。

1996 年，股市出现了从来没有的长达一年的大牛市。可惜在下半年，由于过度投机，大牛市变成了疯牛市。中国证监会连续下发“12 道金牌”，抑制股市投机，可是股市仍然在暴涨。记得是在当年 10 月 17 日，东北电当天涨幅竟达到 109%。

当时的股市积聚了巨大风险，可是股民在连续暴涨的行情中头脑发热。市场中流传着一种说法：回到家里，见到长辈，只能叫父亲，不能叫爹（跌）；见到兄弟只能叫兄长，不能叫哥（割）。

我们作为老股民，感到股市面临巨大风险，因此经常给新股民朋友做工作，让他们注意规避风险。可是许多新股民说：“我们不看大盘，我这只股票就是好，只会涨不会跌。”

为了给股民提示风险，我与社科院金融所的李扬（我记得还有李扬的老师）等几个人，每人写了一篇关于防范股市风险的文章，当时中国证券报给我们提供了一个整版的版面，于 1996 年 12 月 16 日发表。

就是在那个时候，管理层决定恢复涨跌停板制度。1996年12月16日开始，大盘指数连续出现跌停板，股民真正尝到了股市风险的滋味儿。我们要感谢中国证券报，为保护投资者利益，引导股民正确投资做了很大的努力。

1998 年东南亚金融危机给周边国家造成了巨大冲击，中央财经大学证券期货研究所与泰国著名的朱拉隆功大学合作，在曼谷举行了一场东南亚金融危机国际研讨会。会议专门邀请了中国证券报的编辑、记者与我们同行，到曼谷对研讨会进行采访和报道。

我们对东南亚金融危机的看法与分析得到国际专家高度赞同，国际研讨会不仅在当地引发巨大反响，由于中国证券报的深入报道，这次研讨会在国内也引起广泛关注。

2008年，我研究了股市中上市公司的净利润与印花税的比例关系，发现存在一定的问题。作为全国政协委员，我提交了《关于单边征收印花税的有关建议》，中国证券报全文发表，立刻引起社会轰动，大量媒体转载，成为当时低迷股市中的热点话题。

仅仅过了半年时间，即当年9月18日，因为美国政府没有救雷曼兄弟，这家公司破产，由此引发全球股市暴跌。当晚，财政部公布重大消息：经国务院批准，股市印花税改为单边征收。而且按照我们的意见，买股票的时候不征收，卖股票的时候才征收。对此，投资者热烈响应，连续暴跌过程中的股指在次日涨停。

几年以后，我提交了《关于在企业内部建立员工激励制度的建议》，也得到中国证券报的大力支持，全文刊发，引起了社会高度关注和热烈讨论。我很高兴地看到，证监会就在上市公司内部推行了员工激励制度，国资委也在监管企业中推行了员工激励制度。

可以说，中国证券报与我的渊源很深，给予我的帮助很大，我从一个读者变成了一个作者，最后变成了一个政策建议者。30年来，中国证券报帮助我不断成长、不断进步。多年来，中国证券报也让我交了很多朋友。我非常感谢中国证券报，衷心祝愿中国证券报在而立之年更上一层楼，取得更大发展。

见证宏观研究与证券专业媒体的结缘

植信投资首席经济学家兼研究院院长　连　平

中国证券报跨入而立之年，可喜可贺！对此我第一时间的感受是中国证券报曾经给我的工作提供了持续的宝贵支持。此时此刻，我情不自禁地回想起十多年来与中国证券报之间的交往与合作。

我于 2007 年起担任交通银行首席经济学家，研究工作的内容随之有了一些改变。过去主要从事的是银行业和商业银行经营管理体制机制、业务结构等方面的研究。自从担任首席经济学家起，就增加了宏观经济金融方面的研究。中国证券报虽然是立足资本市场的证券专业媒体，但也非常关注宏观经济和银行业。2009 年后，我和我的团队的研究成果陆续在中国证券报发表。可以说，中国证券报是交通银行研究团队学术成果发布的最重要园地之一。

鉴于资本市场和证券行业与宏观经济金融之间有着十分紧密的关系，中国证券报一直以来高度关注宏观经济金融中的重大和热点问题，涉及银行业、证券业、保险业、股票市场、债券市场、外汇市场、财政政策、货币政策、金融监管政策等方方面面。十几年来，我和我的团队共在中国证券报发表文章 100 多篇，其中三四十篇是整版刊登。这些成果的专题包括宏观经济运行、国际经济、国际货币政策、货币信贷、货币政策工具调整、房地产市场、银行业改革发展、人民币汇率与人民币国际化、供给侧结构性改革、利率市场化、资产证券化、地方政府债务、民营经济和民营金融、外汇储备与黄金储备等。一直以来，中国证券报的视野十分宽广，对热点问题会较好地把握。中国证券报不仅是一家权威的证券专业媒体，还是一家综合性的经济金融媒体。中国证券报给了我们许多机会，促进了团队研究的深入和专业化建设。

多年来与中国证券报交往，我有一个深刻的感受，即中国证券报拥有一支具有敏锐的新闻触角、扎实的专业背景和吃苦耐劳职业精神的报道团队。每当重大的经济金融事件发生，中国证券报的记者总能第一时间采访专家，发出深度而专业的报道。由于长期在银行工作，我对货币金融方面研究涉猎较多，经常接受中国证券报记者有关货币政策调整、利率市场化改革、人民币汇率形成机制改革及市场波动、人民币国际化、银行业改革创新，以及金融国际管理等方面的采访，共接受专访三十多次，传播了客观和理性的观点。尤其是降准降息、汇率波动较大时，中国证券报记者的电话往往会迅即如期而至，进行采访。经常是晚上八九点钟还会接到中国证券报记者的电话，说明他们那天至少工作到午夜。中国证券报的记者既专业，又敏锐，且能吃苦。

令我感到十分荣幸地是，应邀担任过中国证券报专家委员会成员。该委员会成员绝大部分在北京，每次出席会议，中国证券报的领导对我都很照顾，大概是因为我是专程从上海赶过去的。在会议的议程安排上，通常让我靠前发言，好让我及时赶回上海，充分体现了中国证券报对专家劳动的尊重和人性关怀。参加专家委员会会议是了解中国证券报办报宗旨和报道导向的难得机会，有助于我更好地把握宏观经济和政策的方向和重点，改进接受采访的方式。由于专家委员会的成员绝大部分来自中央有关管理部门和资本市场相关行业，与本人的专业之间有着较好的互补性，因此每次与会都有不小收获。我本人十分珍惜这样的学习和交流机会，努力保证每次都能出席。

多年来与媒体交往的体会是，专业媒体与专业研究者之间具有良好的相互支持、相互影响、相互促进的互利共赢关系。通常，专业研究者经过深入思考和分析，会得出贴近市场的客观见解和中肯的政策建议，公布于众后可以发挥研究成果的学术价值和促进深入研究的积极功能。此时专业媒体就能为其铺平道路，使之成为可能。所以研究者离不开专业媒体。而专业媒体要保持专业性和提升权威性，自然需要有高水平的研究成果在刊物上持续发表，不断提升媒体内容的丰富程度和质量水平，引起政策制定者重视和更多读者关注。因此专业媒体也离不开有专业水平的研究者。一家成功和权威的媒体周围往往会聚集一批具有较高水准的专业研究者，因此就拥有了丰沛的专家资源。成立专家委员会清楚地表明中国证券报十分重视专家的作用。

站在专业研究者角度，我始终感受到专业媒体对我研究工作的推动和影响。作为专业和权威的媒体，中国证券报往往会提出一些前沿选题，引导研究者开展研究，寻找答案。这毫无疑问会促进我对相关问题的思考和探索，努力去探寻接近真相的答案。十多年来，我曾经很多次接受过中国证券报那些嗅觉十分灵敏的记者和编辑们的具有挑战的采访，在短期内形成了不少的工作压力。但正是这种压力给我的研究工作带来了鞭策和促进。借此机会，我要向中国证券报的记者和编辑们表达我衷心的感谢。

回顾三十多年来的专业研究经历，我在报纸杂志上发表了五六百篇文章，其中有相当一部分发表在中国证券报。同时还接受了中国证券报记者数十次专访，中国证券报是我发表研究成果最多的刊物之一。因此，中国证券报在我作为研究者不断进步中给了我很大的支持和帮助。我真诚地感谢中国证券报。

近年来，我国经济步入了双循环和高质量发展新时代，面对百年未有之大变局，中国证券报作为主流权威的专业媒体必将担当更为重要的历史使命。相信中国证券报将更好地发挥资本市场上广泛的影响力和公信力，有效引导舆论和引领预期，不断提升品牌影响力，成功实现全方位财经信息服务商的转型。衷心祝愿中国证券报百尺竿头更进一步。

我与中证报因 1994 年汇改而结缘

中银证券全球首席经济学家　管　涛

我与中国证券报的缘分始于 1994 年的汇改。大学毕业入职后，我先下基层实习了一年，1993 年 8 月回到北京后才正式定岗。起初，我被分配在国家外汇管理局政策法规司（1998 年机构改革时，与办公室合并成了现在的“综合司”）综合处，主要负责《中国外汇管理》杂志（现名《中国外汇》杂志）的编辑工作。

1993 年底 1994 年初，正值外汇管理体制实施一系列重大改革：人民币官方汇率与外汇调剂市场汇率并轨，实行以市场供求为基础的、有管理的浮动汇率制度，取消外汇留成与上缴，实行银行结售汇制度，实现人民币经常项目有条件可兑换，建立全国统一、规范的外汇市场。这奠定了现行外汇管理体制的基本框架。我因为有一定的研究能力和兴趣，被司内调配到了政策研究室。自此，我开启了长达二十多年外汇政策研究生涯。

我的外汇政策研究是从给媒体写豆腐块文章开始的。由于 1994 年汇改的宣传任务较重，时任外汇局领导又高度重视市场沟通工作，我被指派专门负责外汇局与媒体的联络工作。所以，那时候我同主流媒体的跑口记者建立了联系，由我负责对媒体宣传报道需求的上传下达。

通常来讲，政府部门的新闻联络人应具有较高的政策水平和良好的表达、沟通能力，因为我在政策研究部门工作，有一定文字能力，又参与一些重大外汇政策决策过程，对政策背景有一定了解。所以，我自己就能给记者提供宣传报道的稿件。

其实，这点对于政府部门做好新闻宣传工作非常重要。若干年后，在国新办组织的新闻工作培训会上，有专家给我们做培训时表示，新闻发言人本身应该参与决策过程，这样才能更好地了解政策的来龙去脉，把握好宣传尺度。在此基础上，说能说的不要说不能说的、说知道的不要说不知道的、说该说的不要说不该说的。我后来将其进一步拓展为，说真的不要说假的、说对的不要说错的，合称新闻宣传和文章发表的“五要五不要”。这让我至今受益匪浅。

中证报是我当时重要的联系媒体和供稿对象。查了一下，从 1994 年底到 1997 年底被公派出国留学之前（这算是我政策研究生涯的第一个阶段），我三年时间在中证报上发表文章 21 篇，是为数最多的。同期，我在另两家全国性证券报刊——证券时报和上海证券报上各发表 5 篇，在央行主管的金融时报上仅发表 4 篇。显然，中证报对我从业经历的意义非同一般。

当时，给中证报供稿较多，除了中证报是在京媒体的地理优势外，还有一个重要原因是中证报的市场化程度较高，给了我用武之地。

首先，中证报的新闻稿件一般不是直接转发新闻通稿而要求重新加工、深度报道。其间，我为中证报提供了对 1994 年汇改的综述文章《新汇制运转正常，外汇储备增幅明显》《引入市场机制，成效世人瞩目》《外汇改革的一个里程碑——人民币汇率并轨述评》，评论外汇兑换券停止发行、退出流通、停止使用的文章《平稳退出历史舞台》，以及宣传国际收支统计申报制度的文章《国际收支统计申报制度利在何处》等。

其次，中证报还经常向我约稿，评论外汇政策和形势热点。这才有了《明年我国外汇将继续供大于求》《外汇储备为何成倍增长》《外汇储备增长探析》《利率下调，人民币汇率何以不贬反升》《顺应大趋势，研究新课题》，以及外汇储备突破千亿大关之际的《外汇储备何以强劲增长》等分析文章的出炉。

有意思的是，如果人们用“管涛”这个名字去搜索我在中证报发表的文章的话，恐怕查不到几篇，因为当时我主要以“戴衍”“郑炎”等笔名对外发表。偶尔有几篇署名文章，也是同中证报记者如于力、闫梅等联名发表的。主要是当时的新闻宣传纪律比较严格，担心自己的身份比较敏感，也是因为自己的笔头比较青涩，自信心不足。

1997 年底，我参加了“澳大利亚—国际货币基金组织—日本亚洲奖学金项目”，被公派出国留学，辍笔一年。1999 年初回国后又逐渐活跃起来，与中证报重续前缘。2000 年到 2006 年七年间，我在中证报发表文章 22 篇。虽然有些文章用“宗伟荣”“文亮”“伊贤伟”等笔名对外发表，但已开始越来越多独立署名发文章了。这一方面反映了进入新世纪以来，政策舆论环境越来越宽松了；另一方面也反映了我逐渐走向成熟，越来越有自信了。

这些文章我大都剪了下来，保存起来。看着这些泛黄的报纸，真是感慨万千。想当年，每篇文章也就几百字，真真正正是在爬格子，一个个豆腐块积少成多。刚开始时，想到什么就写什么，因为无知者无畏；越到后面反而越不敢写了，因为知道得越多反而觉得自己不懂的更多。

这么多年了，不知道自己的研究水平有没有长进，但写豆腐块至少锻炼了取标题和书名的能力。看看我给自己的“汇率四部曲”取的名字——《中国先机》《汇率的本质》《汇率的博弈》《汇率的突围》。有朋友问我，下部书名准备取什么？哦，我已有所考虑了，就叫《汇率的逻辑》吧。

感恩中证报。没有刚入行时你的陪伴，就不会有我今天的成长。“三十而立”！祝愿中证报越办越好！打通“资讯＋服务＋商务”模式，成为资本市场参与者“可信赖的投资顾问”。

我为中证报写稿子

自由撰稿人　庄志毅

我在读博士期间，与同学合作出版了《证券投资指南》一书，当时是20世纪90年代初。没过多久，上海、深圳就建立了证券交易所。我虽然身在海南，但也参与其中，并乐此不疲。记得最初报价都是写在黑板上，当时资讯非常少，能看到中证报简直是如获至宝。所以，当有一天中证报的编辑向我约稿时，我就欣然答应了。

投资价值分析

最初和我约稿的都是版面编辑，经常是快要拼版了，发现还缺一小块，于是就喊："老庄呢？老庄赶紧动手！"在此类稿件中，大部分是找一家上市公司做投资价值分析。当时，没有那么多的信息，基本是根据年报、半年报做些财务分析，再结合产业发展方向，先选行业，再选行业中的好企业做分析。主要就是践行中证报的宗旨——可信赖的投资顾问，为市场参与者筛选出好的投资标的。在当时的市场环境中，这些文章确实树立了好口碑，主要推荐了电子、家电、节能环保和互联网等行业的一大批企业。

在行业选择方面，我比较关注行业的市场容量，选择那些前景好、符合产业发展方向、未来能成为主导产业的行业。那时，中国房地产企业发展很快，吸纳的社会资金也很多，但考虑到房地产企业的地域性、产业辐射能力和国外没有一家房地产企业能成为持续成长的大蓝筹的现实，所以，尽管房地产股在市场中也曾有不俗表现，但我对此类股票一直保持着一定的警惕性。

在企业选择方面，我首先考虑企业在行业中的市场地位，特别注意观察净资产收益率指标及其变化趋势。当然，可信赖的投资顾问不但要推荐好的投资标的，还要及时提醒投资者回避风险。对一些不好好经营，不停以资产重组为名义“割韭菜”的公司要给予警示。事实上，中国证券市场发展三十多年的历史不断证明，依靠重组是很难搞好企业的，投资者越来越不相信这种童话故事了。

我记得特别清楚的一件事是当时正发行三年期铁路建设债券，年收益率15%，可有著名经济学家说该债券毫无投资价值。正好这期铁路建设债券在中证报刊登发行公告，看到这位经济学家的言论，发行方就有些忐忑不安了。他们立刻打电话给老社长。几位领导在商量后决定写一篇以正视听的文章。老社长对我说：“阁下，这个任务非你莫属了。”

考虑到当时物价上涨已得到有效遏制，期货市场不管是农产品还是工业品均已现拐点、掉头向下了，更何况利率水平在正常情况下就应该是3%到5%之间，我认为，铁路建设债券虽然不是国家信用背书，但作为首次发行的大型公司债，为当时国家急需发展的铁路建设筹资，违约风险是极低的。当时，保值贴补率已经为零了，15%的收益率已经比正常的无风险利率高好几倍了。于是，我大胆断言铁路建设债券很有投资价值，后来的事实也证明，这期铁路建设债券发行顺利，很快就被投资者一抢而光。

国债期货

国债是中央政府为向社会筹集资金而发行的一种政府债券，以国家信用为基础，所以又称“金边债券”。也就是说，中央政府到期会在一定时间内支付利息和偿还本金，具有确定性。

国债期货本质上是利率期货的一种，是买卖双方通过杠杆交易，约定在未来的某个时间，按交易时确定的价格和数量进行券款交收的国债交易方式。1992 年 12 月 18 日，上交所首先向券商自营推出国债期货交易。为活跃市场、激活交易，1993 年 10 月 25 日，上交所向社会公众开放国债期货交易，但在 1994 年 10 月前，在上交所交易的国债期货一直交投清淡、不温不火。当时，深交所、两个交易中心和十个商品交易所都有国债期货交易。

主力品种发行代号为“327”的国债期货合约那时每天波动很小，成交量和持仓量不是很大，可是“十一”假期后成交就开始放量了，但是价格还在小幅下跌。这时候，市场上就出现了明显对立的两种观点：一种观点认为，“327”到期兑付时，肯定没有保值贴补率了，“327”价格太高了；另一种观点认为，“327”的价格明显偏低了，因为按照价格水平运行的惯性，到 1995 年 6 月“327”兑付时，保值贴补率虽然会逐渐下行，但还不至于完全没有。

两种不同观点的背后其实是市场大机构之间的分歧，认为价格过高的是当时最大的券商万国证券，认为“327”价格过低的是中经开。双方都自信满满，感觉自己有十足的把握，也都在发展和扩大自己的阵营，试图把市场参与者都拉到自己的战壕里，所以，当时的舆论就很重要了。记得有一段时间，每天晚上都有电话询问中证报明天见报的稿子是偏多还是偏空。

刚开始，作为媒体，中证报坚持不偏不倚的态度。版面安排上是有多有空，编辑组稿也是反复与作者沟通，尽量注意搭配着来，语言和用词特别是大标题都很注意把握分寸，但从成交量和持仓量看，市场已处于干柴烈火一点就着的大战前夜了。

1992 年至 1994 年，我国经济运行面临严重的通货膨胀压力。为了解决居民储蓄存款负利率问题，改变居民通货膨胀预期，我国又实行了一次保值储蓄，即银行除按规定的利率付息外，还要按保值贴补率再付一笔钱给储户，以确保存款不会因为物价上涨而贬值。为保证顺利筹集资金，国家对一些三年、五年期的国债发行也承诺保值。“327”国债是 1992 年发行的三年期国债 92（三），1995 年 6 月到期兑换。因此，保值贴补率对“327”国债的价格影响很大。

到 1994 年 10 月后，物价指数同比和环比都出现了下降走势，而保值贴补率就是根据物价指数计算出来的。在这种情况下，以万国证券为首，后来又联合了辽国发的空头认为，既然物价指数出现拐点开始走低了，市场上的许多商品价格也在以肉眼可见的速度回落，国家怎么可能为兑付“327”国债多支付 13 亿多元的利息，保值贴补率应很快就会被算下来了，于是利用资金优势放量做空“327”国债。盘面上就呈现出 1994 年“十一”假期后“327”放量走低的态势。

价格走低不但没有吓跑市场参与者，反倒吸引了更多投资人的注意力。除中经开外，有很多投资股市的个人投资者也都被吸引了进来，越跌越买，看着成交渐渐放量，我也开始关注这个市场了。

首先，决定“327”价格的是保值贴补率。保值贴补率是有计算公式的，不可能被人为操纵，人民银行出台保值贴补政策的初衷就是遏制恶性通货膨胀，保证储户利益不受损害，鼓励储蓄，改变社会通货膨胀预期，所以也无法操纵。

其次，保值贴补率受价格指数翘尾影响还会在高位运行一段时间。保值贴补率虽然不是根据国家统计局的居民消费价格指数直接计算出来的，当时为了计算保值贴补率，人民银行有独立的样本选择，但所反映的价格变动趋势肯定是一致的，为此就要研究价格走势。

通过分析和对比，我发现每年 1 月的居民消费价格指数中都包含一个翘尾因素。1995 年 1 月大约会影响居民消费价格指数一个百分点。算上这个翘尾因素，虽然居民消费价格指数的同比和环比都在缓慢下降的过程中，但保值贴补率在“327”国债兑付前还要在高位运行一段时间，“327”国债的兑付价肯定还会要涨。

第三，国家在发行时承诺保值，就一定会按兑付时的保值贴补率加利息全部支付给持有人。果然，1995 年 2 月 24 日，财政部发布公告称，“327”国债将按 148.50 元兑付，但实际上在公告前一天，也就是 2 月 23 日下午市场人士都已经知道了公告的实质内容。如果市场参与者到此为止，愿赌服输，也就不会有所谓的震惊中外的“327”国债期货风波。可就在公告发布前，“327”

国债兑付价完全明朗的情况下，在 1995 年 2 月 23 日当天交易的最后 8 分钟，万国证券在没有保证金的情况下，透支大肆卖空，卖空口数值为2000多亿元，国债期货交易 1 口为 2 万元面值的国债，而“327”国债面值总共只有 240 亿元。当晚上交所在紧急会议后宣布，1995 年 2 月 23 日 16 时 22 分 13 秒之后的所有交易是异常的、无效的。

“327”国债期货风波是了结了，虽然 1995 年 2 月 24 日上交所就国债期货交易的监管问题做出六项规定，第一项就是实行涨跌停板制度，但并没有改变市场的投机氛围。在现货市场并没有足够发达的情况下，还是有许多利用资金优势的机构一会儿逼多，一会儿逼空。当时就听有大佬说：绿豆期货做多太容易，把市场上所有的绿豆都买了销毁，价格还能不涨上去？到时候看空方拿什么交割？

“327”国债期货风波之后，“319”更加狂热，虽然有涨跌停板制度，但在“327”国债期货风波的余威裹挟下频频涨停，明明居高不下的通货膨胀已经得到了有效的治理，保值贴补率没有任何理由继续走高，而且有可能在未来几个月逐步趋于零，在这种情况下，硬是逼空，完全就是恶意炒作。

1995 年 5 月 17 日，中国证监会鉴于当时国债期货交易的混乱局面，发出了《关于暂停全国范围内国债期货交易试点的紧急通知》，结束了 2 年 6 个月的国债期货交易。

财经观象台

从 1995 年至 2016 年，我一直为《中国证券报》的“财经观象台”栏目写文章。其中有两次停顿。一次是我女儿出生后的一段时间，一次是 2004 年，我有一年时间住在新西兰。写这个栏目我用的是笔名——晓旦，因为这个栏目有许多预测性内容，当时的值班总编觉得还是用笔名比较合适。因为我毕业于复旦大学，就用了“晓旦”这个笔名，一直用了很多年。

在证券市场发展早期，市场上的绝大多数参与者，不看重宏观经济和证券市场有什么内在联系，市场参与者目光主要集中在股票价格的大幅波动上。

“财经观象台”这个栏目一开始就把眼光放在我国宏观经济的走势和股票市场的内在联系上，通过介绍利率变动、国内生产总值等宏观指标的变化对股市的影响，向市场参与者提出一些分析股票市场的角度。这些，在现今的股票市场分析中已是必备的知识了，在证券市场发展的早期，还真是一项启蒙性的工作。

对于经济走向的分析，在“财经观象台”栏目中，我比较早地关注和应用了采购经理人指数——PMI。PMI 是经济监测的先行指标，是通过对采购经理的月度调查汇总出来的指数。由于 PMI 调查方法快速简便，每月发布一次，在时间上优先于其他官方数据。同时，PMI 是一个综合的指数体系，涵盖了生产与流通、制造业与非制造业等各个领域，反映了经济的收缩还是扩张的变动趋势。PMI 的各项指标还能反映不同行业的景气程度和变化方向，这对股票市场的参与者选择投资行业，决定投资标的也是有意义的。

从证券市场观察经济，还有流动性充沛与否的分析。只有不断地有资金流入股票市场，特别是长期资金驻扎市场，使股票成为一种重要的社会资产形式，股票市场才能随着经济的发展，长期稳定向好。长期以来，我们一直强调发展基金业。在股票市场行情向好的某段时间，基金业确实得到了迅猛的发展，许多公募基金都是按比例配售，很难足额买到。可是，在市场行情不好的时候，基金投资者又缺乏耐心，大量赎回，这也助长了市场的跌幅。在这种情况下，我在“财经观象台”栏目会根据宏观的 M1、M2，利率及汇率的变动趋势，物价指数及其变动趋势，多方位多角度地为市场参与者提供思路。

在那些年，“财经观象台”成了一个《中国证券报》受读者欢迎的栏目，有很多文章被评为一等好稿。

我写《金漩涡》

中国证券报全媒体要闻采访部（上海） 周松林

1993 年，我加入刚刚创办不久的中国证券报社。中证报的上海记者站刚刚筹建完成，陆明丽是上海站的创站元老，也是站长，也是记者，也是发行人员，也是广告经营人员，也是后勤总负责。我加入上海站后，她是领导，我是员工。她学的是新闻专业，我学的是文学专业，于财经、证券都是外行。在草创伊始的中国证券市场占据半壁江山的上海滩上，两个外行干得装模作样，也似乎有模有样。反正那个时候，大部分所谓业内人士，都是外行。

那之前，我刚在德国（当时的西德）经历了一段假留学之名、行游历之实，终至于以流浪结束的“留学生生活”之后，回到国内，在上海市文联重操文学老本行。20 世纪 90 年代，是我国社会经济文化各方面摆荡波动、日新月异的剧烈变革时期。我在国外的时间并不长，但回国后却发现，在得风气之先的上海，社会气氛已大变，人们的心理关注点、兴奋点已迥异。而其中最具有代表性意义的，也最具扰动人心力量的新事物，就是开市未久的沪深证券交易所，是那个极具魔力又虚幻不可把捉、人人津津乐道却又都不明所以的股票市场。一些老朋友，原来都热衷于谈文学谈思想的，忽然也三句话不离股票。

那时，证券市场上信息传播渠道极其有限。除了证券报，大概就是马路沙龙了。几家证券报对发行量的竞争相当激烈。如何扩大发行量和影响面，是当时中国证券报面临的一个难题。不仅是在上海，在其他城市局面也类似。

有一个背景情况是，早期的中国证券报在站位较高的同时，确实庄重有余，活泼不足，文风较为“官样”，版面显得重滞。尤其是在那些城市化、商业化更为发达的地区、城市，中国证券报受股民的欢迎程度和受众面，不免要打折扣。

杨百万彼时在上海已经家喻户晓。其他一些或真或假的财富故事也在民间流传，无非贪婪与恐惧、暴富与破产、情感与金钱的纠葛，人性与财富的冲突。横空出世的股市，在为国民经济提供血液、为经济改革提供平台和制度工具的同时，也为普通人提供了既真实又渺茫的机遇。泡泡可以吹到很大，但泡泡也是易碎的。在和两位以前的文学同好、如今的热血股民老同学聊天时，我们都意识到，在变幻莫测的股市上，人性时时受到极限考验。股市，无疑是人性表演的极佳舞台。而演绎和呈现人性表演，自然是文学应有之义。

而我的考虑则更加上了一层功利的内容：如果在中国证券报上，以长篇小说连载的形式，呈现股市众生相，一定会受到股民的欢迎。由于连载会持续相当一段时间，只要小说具备足够的吸引力，阅读者欲罢不能，自然会在不知不觉中熟悉中证报，接受中证报，依赖中证报。这对扩大中国证券报的市场影响力、读者接受度，将会有直接的作用，并进而反映在报纸的发行量上。

于是我们讨论了故事梗概，设计了人物角色，最后由我执笔成稿。所以严格说起来，这部连载的作者是三个人。连载署名“山曼”，谐音三个“Man”。

小说在中证报开启连载后，受到了读者的欢迎。小说中，普通人物借助股市这一平台，改变人生，追求梦想，跌宕起伏，悲欢离合的人生际遇，引起了众多同样怀揣梦想的股民的共鸣。连载刚开始时，由于我工作紧张，且工作条件比较简陋，或者由于版面原因，偶有脱期现象。但一段时间后，不少读者已经深深关注着小说人物的命运，一旦脱期，便开始有读者来信抗议。这也引起了报社的重视。连载开启一个多月后，便始终保持着每天（出报日）一篇，从无间断。整个连载周期持续了一年多。

举一个细节，来说明一下当时我们的工作状况，也是中国证券报初创时期整体工作状况的一个缩影。上市公司信息披露是报纸的生命线。当时没有现在这样的信息传输工具，只有传真，而且是老式的卷筒纸热敏传真机，使用相当不便。沪市公司的公告，包括招股书、年报等等，需要在交易所审核确认后，传真到我们手上。我们再传真到报社。热敏传真，清晰度本来就不够高，再加上经两道传输，已难免出现模糊之处。上市公司公告数目大、字多，本来就是容易错却又容不得错。因此，我们必须和报社值班人员反复核对。一个经常出现的场面是：深更半夜，我把几十页传真纸铺在地上，设法把传真纸弄服帖不卷曲，然后手持电话，在地上爬来爬去，和值班人员一页一页核对。

为了保证连载不中断，我住在了办公室里。早晨起来后，不刷牙不洗脸不吃早饭，先写完当日的连载稿，一般在 1500 至 2000 字。

那时，很多省市都还未设记者站，因此我们必须频繁地出差。每逢这种时候，我尽量提前准备好连载几天的存量，以免到时仓促抓瞎。但总会有难以安排把控的时候。这种时候，编辑往往比我还要紧张，反复催稿。有好几次，在一番旅途劳顿、下了飞机、住进宾馆、同行者已经入睡的深夜，我铺开稿纸，构想情节，然后埋首纸上，蟹行蚁走，龙飞凤舞。记得有一次在甘肃一家公司采访，上午去公司，我见到公司董事长的第一句话，就是请他帮忙，让秘书把我几个小时前刚刚写完的两千字，传真到北京报社去。

终于把故事情节收束停当，写下最后一个字时，我松了一口气，心想以后再也不要碰连载这种劳什子了。想到从前有许多老报人老作家，写连载是常事，甚而同时开笔几处连载，惭愧弗如。

回头看，说实话，《金漩涡》并不是一本出色的小说，在财经专业水平和对资本市场的准确理解上，也大有欠缺。只是在当时，这小说所描写的普通人的股市众生，带着一股热乎劲儿。这大概就是它当时还能受到读者欢迎的原因吧。

《金漩涡》应该也是国内证券专业报纸上的第一部长篇连载小说。至于是不是唯一的一部，不好说。

连载完成后，有出版社拿去出了单行本。然后，又有一电视剧制作公司看上了这个题材，来找我签合约买版权。合约已经拟就，就差签字的时候，报社有人提出，中证报要成立自己的电视公司，来拍这个电视剧。既然是报社的事业，我当然绝无二话。于是向那家电视剧制作公司毁约，把版权交给了报社。后来报社成立电视剧制作公司、拍电视剧的热情，似乎渐渐冷却，终至不了了之。我也再没问起。

第三部分

30 年，携手共同成长

中信证券：一路同行　再创辉煌

中信证券

三十年与时俱进，三十载砥砺前行。作为中国资本市场发展的见证者，中国证券报一直为资本市场的健康发展鼓与呼。值此中国证券报创立三十周年之际，中信证券向贵报致以最热烈的祝贺和最诚挚的感谢！

回首过去三十年，中国资本市场改革发展稳步推进，与国家经济发展同呼吸、共命运，取得了长足进步。在这一历史进程中，中国证券报充分发挥出信息传播、知识普及、舆论监督、行业交流的重要作用，成为服务于广大投资者的“可信赖的投资顾问”，同样也见证了中信证券始终践行国家战略、服务实体经济，逐渐成长为一家国内领先的大型证券公司。

自 1995 年成立以来，中信证券把握住中国资本市场改革发展的历史机遇，在政府和监管机构的关心指引下，持续完善公司治理体系，优化战略布局和业务体系，积累资本实力和客户资源，传承优秀的企业文化和核心价值观，在业内创造了多个“第一”：2003 年，中信证券完成 A 股上市，成为国内第一家 IPO 上市的证券公司；2005 年，设立中信证券（香港）有限公司，成为业内第一家获准在香港设立全资子公司的中资证券公司；2011 年，中信证券完成 H 股上市，成为第一家 A+H 股上市的中资证券公司。目前，中信证券已成长为国内领先的大型投资银行，净资产超过 2000 亿元，拥有 7 家主要一级子公司，分支机构遍布全球13个国家和地区，中国境内分支机构400余家。中信证券发展壮大的每一步，都离不开中国证券报的热切关注与陪伴。

三十年间，中国证券报为资本市场打造了群贤毕至、博采众长的交流平台，汇聚各方智慧为资本市场的健康发展建言献策，共同促进资本市场健康、高质量发展。近年来，在全面注册制改革、多层次资本市场构建、资本市场互联互通等改革发展的重要节点，中信证券积极参与中国证券报组织的交流讨论，通过专访、署名文章等方式，为资本市场发展提供思考与看法。

三十年间，中国证券报密切联系央行、证监会、银保监会等监管部门，注重市场报道实用性，方便受众把握宏观政策和市场走势，及时了解国民经济和证券市场各层面信息。中信证券积极参与中国证券报的专栏或采访，提供来自业务一线的信息和观点，帮助投资者把握宏观政策精神、认识市场走势，助力投资者教育。结合自身发展实践，中信证券发挥研究业务优势，积极为海内外投资者提供各类高端、专业、前瞻、全面的研究成果，围绕宏观经济、政策解读、行业发展、策略研究等研究主题，借助中国证券报平台进行深度剖析，向广大投资者传递信息、分享经验、提供建设性意见。

三十年间，中国证券报积极倡导金融报国使命，大力弘扬资本市场正能量。中信证券在履行金融报国使命的过程中，持续打开新局面、开拓新境界，得到中国证券报的充分关注。从自然灾害到重大疾病，从援藏建设到帮扶赣南革命老区，从冀北沽源助学到黄土高原积石山助教，中信证券责无旁贷地履行社会责任，结合自身业务与地方实际情况，聚焦机制扶贫、教育扶贫和产业扶贫，有的放矢地创新扶贫手段，打造“基层党组织＋证券公司”的扶贫模式。在中国证券报的关注与见证下，公司在扶贫项目建设和运营阶段，引入基层党组织为集体运营主体，与产业经营相结合，形成具备中信证券特色的扶贫理念与实践范式，为帮扶区域持续培育内生发展新动能。

三十年间，中国证券报推动证券行业文化建设，发挥媒体作用宣扬证券行业文化自信，树立中国特色证券文化建设宣传品牌。中国证券报落实国务院就加强证券基金行业文化建设、推动行业发展作出的重要批示，助力文化建设引领资本市场健康发展。作为中国证券行业中的一分子，中信证券在近二十七年的发展历程中，始终高度重视文化建设工作，将优质的企业文化作为谋划战略的基础、推进经营的原点、塑造品牌的源泉。通过中国证券报深度调研，对中信证券传承历史积淀，通过经营发展实践形成的多种层次企业文化宣传宣导取得正面效果。

三十年间，中国证券报积极践行新发展理念，落实国家战略部署，为金融企业服务实体经济，特别是绿色金融资本市场服务深入报道。中信证券自成立以来，积极助力实体经济借助资本市场发展壮大。投行业务累计为客户提供股权融资（含资产类定增）4.9 万亿元，债券融资 36.4 万亿元。2021 年，中信证券完成三峡新能源等多单清洁能源公司 A 股 IPO 项目，服务 71 家企业发行绿色债券人民币 1，362 亿元，完成首批碳中和绿色债、首单绿色乡村振兴债券等市场领先产品的发行，与银行合作推出市场首批 ESG 全球大类资产配置指数产品、碳排放权质押贷款业务、碳中和指数场外期权交易。子公司华夏基金在业内首家明确提出“碳中和”具体目标和实施路径。中国证券报作为行业领军媒体，勇于承担媒体使命，引导推动经济可持续发展的宣传作用，与中信证券一起成为中国绿色金融服务的重要参与者。

中国证券报高度认可中信证券的发展成果和经营业绩。在中国证券业金牛奖评选活动中，中信证券连续多年获得十大证券公司金牛奖、证券公司社会责任金牛奖、证券行业文化建设金牛奖、证券公司金融科技金牛奖、金牛财富管理团队奖、金牛投资银行团队奖、金牛资产管理团队奖等重要奖项。

三十而立好年华，风华正茂续辉煌。面对百年未有之大变局，推动证券市场高质量发展任重道远。愿而立之年的中国证券报继续做“可信赖的投资顾问”，为广大投资者持续奉献权威、专业、客观的财经证券新闻资讯，在资本市场发挥引领预期的作用。中信证券愿与中国证券报一道讲好中国资本市场新故事，为中国资本市场高质量发展作出新的贡献！

回首，三十载激荡风雨同行 前行，熠熠生辉不负新时代

——贺中证报30周年社庆

中信建投证券

思想和观念，是推动行业健康发展的关键力量。1992年，在中国资本市场成立初期，《中国证券报》应运而生。三十年来，中证报记录、发展、成就，与资本市场同行，三十载一起攀登新高度，共同书写新篇章。

一、中证报是高水平的财经媒体，坚守政治性，是弘扬主旋律的主阵地

信息与资金一样，是资本市场高质量发展不可或缺的“毛细血管”。中证报发挥媒体优势、专业优势和资源优势，把国家大政方针、资本市场改革发展政策第一时间传达到千家万户，把证券分析师和研究者对经济形势的预判、资本市场的分析，第一时间准确地传递到广大投资者。

在资本市场改革的重要时点上，中证报有责任、有担当。2005年，在股

权分置改革的关键时期，中证报组织刊发了一系列重磅文章，为资本市场改革创造了良好的舆论环境，提供了正能量。在股权分置改革试点通知发布前后，中证报平台上发表了很多深度文章，“财经对话”栏目邀请了很多专家各抒己见、深入交流，为资本市场改革提供了良好的舆论环境。中证报在资本市场中起到的信息桥梁作用，至关重要。

信息，是资本市场稳健运行的“润滑剂”。互联网时代信息获取不再困难了，但信息的筛选成了费时费力的事情，信息来源就至关重要。30 年来，不论是在信息尚较匮乏的资本市场发展早期，还是在信息获取已经不是难题的现在，中证报坚守政治性，在思想自觉和行动自觉的基础上，坚定党对金融工作的领导，毫不动摇宣导、解读政策，敢于发声，且善于发声，更勇于及时澄清谬误，配合改革需要主动引导和稳定投资者预期，在资本市场中享有独特的地位和口碑。在重要节点和关键政策的施行上，中证报发挥了专业财经媒体的力量，与国家部委、研究机构、高校、智库等合作，通过研讨、论坛等方式，邀请决策者、专家学者与证券研究者、分析师共同解读政策、分析市场、听取意见，架构起了政府与市场、研究机构与决策机构、与投资者之间的桥梁。

二、中证报与责任相伴而生，坚守人民性，是信披平台，更发挥了舆论监督作用

上市公司的信息透明度对于资本市场至关重要，是维护资本市场公开、公平、公正的核心，是体现资本市场诚信和企业商誉的关键一环，也是保护广大投资者的重要基础。中证报在初创之日，就具备证券市场信息披露资质，是资本市场信息披露的重要平台之一，这是中证报对资本市场建设的责任。2012 年，中证报资本市场信披平台正式上线，在技术加持下，中证报为上市公司提供信披的方式也在与时俱进。

推动金融工作的高质量发展，离不开倾听人民的呼声、调动广大投资者的积极性，提升人民群众参与资本市场建设的参与度和认可度。尤其是资本

市场全面注册制的施行，以信息披露为核心，信息充分沟通的意义远胜从前，未来必将越来越重要，信息成为资本市场发展的基石和新的资产。中证报就是资本市场在信息时代的基础设施。

三十多年，资本市场从无到有，从小到大，再到高质量发展，离不开高质量的社会舆论监督。资本市场全面注册制的施行，更离不开优质和广泛的市场监督和社会舆论监督。中证报作为资本市场专业媒体，坚守人民性，在信息传播、理论宣导和舆论监督上下功夫，为打造一个规范、透明、开放、有活力、有韧性的资本市场作出了积极贡献。未来，信息也是生产资源，中证报必将发挥更大的作用。

三、创设“金牛”品牌，探索创新，是展示平台，也是沟通桥梁

中证报创设的“金牛”评选品牌在证券基金业享有盛誉。系列评选涵盖了基金业、证券业、股权投资、上市公司、银行理财和保险业，是金融行业高质量发展、追求卓越的一面旗帜。“金牛”评选汇聚专业机构、专业人士，每年颁奖，都能成为行业盛典，也为从业者搭建了沟通切磋的平台。

在证券行业，中证报创设和推动的证券业金牛奖评选，秉持公平、公正、公开、透明的评选准则，根据以“金牛”选“金牛”的评选宗旨，倡导价值投资，呼吁提高研究质量，每年甄选一批证券研究领域处于顶尖水平的证券分析师和研究机构。可以说，中证报见证了分析师这一群体的精英辈出，提升了证券研究水平，促进了证券公司的成长，推动了证券市场的健康发展。

中信建投证券也受益于中证报的“金牛”系列奖项。自“金牛分析师”设立以来，公司累计有67人次获得了覆盖投资策略、固定收益、非银行金融、交运设备、通信设备、房地产、食品饮料、采掘、餐饮旅游、新三板、高端装备、轻工制造、银行、公用事业、机械设备、医药生物16个行业的荣誉。中信建投证券研究所2020年和2021年均荣获“五大金牛研究机构”奖项。中证报与公司一起见证了分析师们发现价值的殚精竭虑，也帮助公司发现和

挖掘了有潜力的分析师。我们的分析师借助公司平台服务客户，屡获“金牛奖”，也进一步加深了分析师对公司的认可。这些都得益于中证报“金牛”品牌的影响力和公信力。

相信随着中国资本市场国际化程度的加深，中证报创设的“金牛”品牌将带着对中国股市长牛的美好愿望走出国门，鞭策和鼓励更多优秀分析师进入全球资本市场，为中国投资者发掘优质资产，也为更多中国优秀企业进入国际专业投资者的资产配置“篮子”保驾护航。

四、引领乡村振兴新风尚，先行先试，是社会责任，更是不忘初心

中证报借助自己专业、权威的媒体优势，在扶贫和乡村振兴等社会责任领域发挥了巨大作用，引领了乡村振兴新风尚。

2017 年，中证报承担新华社扶贫任务，组织“中国上市公司社会责任贵州行”，为贫困地区捐资捐物，并利用中证报平台链接资本市场的优势，对接多个优质项目，授人以渔。这一年，政府工作报告首提“精准扶贫”概念。可见，中证报是“精准扶贫”的先行者，不仅发挥其媒体平台的作用，组织报道和宣传“精准扶贫”工作，而且躬身入局、身体力行，组织和带领上市公司投入“精准扶贫”和乡村振兴工作，引领了新风尚。

中证报能成为“精准扶贫”和乡村振兴领域的先行者，是其履行社会责任的一个集中体现。中证报还通过被行业广泛认可的“金牛”品牌，借助“金牛”品牌的资本市场影响力，积极引导资本市场主体践行新发展理念，高度重视社会责任的履行实践。2019 年开始，“金牛奖”评选增设了“证券公司社会责任奖”；2020 年，又增加了“证券公司绿色金融奖”“证券公司普惠金融奖”和“证券行业文化建设奖”。中信建投证券自 2019 年以来，连续三年获得“证券公司社会责任奖”。

一直以来，中证报是中信建投证券发展道路上的朋友和见证者。中证报对公司的重大发展成果进行了公开报道，也对公司的策略会及研报，对公司

多个行业、多个经济领域的分析师研判分析给予了及时报道。这两年，中信建投证券的分析师通过中证报直播平台与关心资本市场的网友加强了互动交流。同时，公司通过中证路演中心举办业绩说明会。感谢中证报为广大投资者和上市公司提供了值得信赖的信息交流与沟通平台。

2022年，是中证报成立30周年；三十而立，风华正茂。中证报的从无到有，从小到大和未来的不断壮大，每一步都伴随着中国资本市场的发展，真实、立体和全面记录和展示着中国资本市场发展，既有波澜壮阔、斩浪前行的大事件，也有细如牛毛、关系千家万户的小人物，还有对大事小情和风细雨般的细致解读。坚守政治性、人民性，胸怀国之大者，大道如斯。

三十年弹指一挥间，挥不走的是我国资本市场波澜壮阔的改革，是这一代人身在其中的奉献。中证报兢兢业业、勤勤恳恳，为每一段历史时刻记录，为每一个思想瞬间定格，是记录者、观察者，也是传播者。中证报筚路蓝缕奠基立业的精神将被历史铭记，也将被继续传承发扬。新征程和新使命已经展现，新画卷已徐徐展开，期待中证报在新时代突破新纪录、创造新辉煌。

凝心聚力服务资本市场
书写高质量发展新篇章

——庆祝中国证券报创刊30周年

中金公司

20世纪90年代初期，继上海证券交易所、深圳证券交易所相继成立后，中国证监会于1992年宣告成立，标志着中国证券市场迈入了统一监管时代。同一年，经新华社党组批准，中国证券报应运而生。伴随着证券市场的规范化发展，中国证券报始终秉持“可信赖的投资顾问”宗旨，为市场带来了国民经济、行业部委、上市公司和证券市场等各个层面的信息。作为中国证券市场的见证者和推动者，中国证券报以发挥媒体舆论引导和监督功能为己任，通过价值发现、权威影响，有力促进了证券市场的蓬勃健康发展。

中国证券报应改革而生，伴改革成长。同样，20世纪90年代中期，中国国际金融股份有限公司顺应资本市场改革发展的需要而诞生。自成立之日起，中金公司便肩负起了服务国家战略、服务改革开放、推进资本市场改革创新的责任与使命。27年来，中金公司始终坚持党的领导，切实履行中国资本市场国家队和主力军的职责，坚守“植根中国、融通世界”的使命，秉持“以人为本、以国为怀”的信念，不断学习国际成熟市场的经验和技术，将其应用到中国市场，为推动资本市场的发展与完善贡献独特的力量。多年来，中国证券报和中金公司分别发挥各自优势，相伴而行，携手共进，持续服务资本市场高质量发展。

兼程而进　助推资本市场稳步向前

经过30多年的成长和发展，中国资本市场从稚嫩走向成熟，各项基础制度不断完善，市场参与主体日益丰富，融资规模屡创新高，交易工具日趋多样化，市场开放持续推进，取得了瞩目的发展成就。中国资本市场的壮大与成熟，有力促进了改革开放的进程，既是中国改革开放在金融领域的硕果，也是中国经济持续保持高速增长的重要推动力。新闻媒体和证券公司作为资本市场的重要参与主体，通过自身高质量发展，成为资本市场服务实体经济中的一支重要力量。

资本市场的高质量发展离不开健康稳定的舆论环境和高质量的信息供给。中国证券报作为资本市场发展的见证者、记录者、传播者，充分发挥了全国性证券专业媒体优势，努力弘扬报道的权威性，履行主流媒体社会责任，及时传播准确、权威信息，帮助投资者把握宏观政策和市场发展，积极引导和稳定市场预期，凝聚高质量发展共识，在我国经济建设和资本市场发展中发挥着重要的舆论引导作用，对资本市场的建设起到了积极的推动作用。

证券公司在资本市场的发展过程中发挥着“看门人”角色，必须以自身的稳健发展助力资本市场的稳健发展。中金公司始终与国家改革发展同频共振、同向同行，积极践行服务国家战略、服务实体经济的职责使命，在“打造中国的国际一流投行”战略目标引领下，逐步形成了以研究和信息技术为基础，投资银行、股票业务、固定收益、资产管理、私募股权和财富管理六大业务为支柱的“双基六柱”均衡业务结构，聚焦实体经济发展和居民财富增长需要，为经济社会发展提供更高质量、更有效率的金融服务。

一路同行　共谱高质量发展恢弘篇章

多年来，中金公司与中国证券报紧密协作，在维护资本市场舆论生态、加强投资者教育等方面积极配合，为资本市场的高质量发展贡献力量。中国证券报作为综合性经济金融媒体，构建了全媒体传播体系，凭借着及时、准确、专业、全面、多样的资讯服务，在市场中已经树立起独特的优势和鲜明的特色，在资本市场拥有极高的影响力和广泛的受众，广受投资者、金融从业者和专家学者的高度认可。中金公司作为综合性投资银行，凭借率先采用国际最佳实践以及深厚的专业知识，深度参与中国经济改革和发展，为多元化的客户群体提供高质量金融服务。同时，中金公司发挥自身研究优势，以国际视野对国家重点部署领域和资本市场前沿课题开展前瞻性、系统性研究，为公共政策制定、经济金融改革等提供了有效的智力支持。

中金公司和中国证券报以资本市场为立足点，以投资者服务为导向，以专业化为根基，在财经要闻报道、政策宣传解读、论坛活动参与等方面紧密合作，及时准确地为市场提供观点参考，积极为多层次资本市场的改革发展建言献策，向市场和投资者传递信息和信心，引导市场预期和舆论导向，帮助投资者树立正确投资理念，为打造一个规范、透明、开放、有活力、有韧性的资本市场共同努力。

砥砺前行　续写新时代梦想与辉煌

砥砺奋进铸辉煌，三十而立谱新篇。三十年征程，见证了中国证券市场的改革与发展；三十年求索，承载了一代媒体人的专业与情怀；三十年同行，谱写了资本市场高质量发展的篇章。值此中国证券报三十周年诞辰之际，中金公司向贵刊致以衷心的祝福和诚挚的感谢。未来，让我们一同携手，投身资本市场深化改革开放和全媒体融合发展大潮，把握高质量发展时代脉搏，砥砺前行，续写梦想与辉煌。

三十年初心不变
护航中国资本市场使命在肩

申万宏源证券

党中央指出，“资本市场在金融运行中具有牵一发而动全身的作用”。三十年来，中国资本市场从无到有、从小到大、从懵懂探索到逐步完善，实现了历史性变革和跨越式发展。作为与中国证券市场几乎同龄的证券金融类专业媒体，因改革而生、因改革成长的中国证券报始终和中国证券市场同呼吸、共命运。创刊30年来，中国证券报几代人披荆斩棘、艰苦奋斗，三十载风雨兼程、春华秋实，不仅成为中国资本市场具有很强影响力和号召力的财经媒体，也正向始于媒体、基于媒体、高于媒体的资本市场服务商转型。

三十载风雨同舟，中国证券报与申万宏源携手并进

长期以来，中国证券报围绕资本市场，密切联系央行、证监会等监管部门，深度联系上市公司及银行、券商、基金等各类金融机构，报道范围涵盖宏观政策、经济数据、资本市场运行、上市公司及各类金融机构动向，为广大投资者持续提供权威、专业、客观的财经证券新闻资讯，在资本市场具有

广泛的影响力、公信力，以服务国家战略和资本市场建设为己任，成为传播资本市场知识、弘扬行业正能量的绝对“主力军”。申万宏源同样是一家历史悠久的国有金融企业，“有信仰、敢担当”是公司的立司之本，金融报国、金融强国的理想信念一直深深根植于公司文化基因之中。

多年来，中国证券报与申万宏源同进步、共成长，在申万宏源历史上每一个关键时刻，都有中国证券报风雨同舟、携手相伴。中国证券报持续关注申万宏源合并重组、服务国家战略、助力实体经济、践行普惠金融、精准扶贫助农、抗击新冠肺炎疫情、深化改革创新等重大战略举措和发展成果。

特别是近年来，中国证券报更加紧密地协助申万宏源开展新闻宣传，发布了《服务国家双碳战略，申万宏源证券发布碳中和白皮书》《六年重组 融合转型修成正果 再乘长风 国际投行花发新枝》《申万宏源的“千百亿追求”：为“专精特新”插上翅膀》《申万宏源贡献“会宁方案”：防返贫为乡村振兴保驾护航》等一系列优质新闻报道，在专精特新、双碳战略、乡村振兴等方面，全方位展现申万宏源的金融国企担当，为申万宏源的重大战略布局和整体业务竞争力的攀升营造了良好的舆论环境。

例如，在拟成立北京证券交易所的政策发布后，申万宏源率先在市场上发布“专精特新”战略，中国证券报给予此次战略发布多渠道、全视角的重点关注报道，不仅展现了申万宏源作为行业领头雁在“专精特新”领域的担当作为，还推动证券行业加快“专精特新”和北交所相关业务的战略布局。中国证券报的本组专题报道稿件客观扎实，报道形式灵活丰富，展现了其全媒体矩阵的强大优势。

双方多次携手完成了资本市场重要宣传任务、探索新兴多元的投资者保护教育模式，共同服务国家战略和实体经济、服务居民财富管理需求，推进资本市场高质量健康发展，在长期紧密的合作中结下了深厚友谊。

三十载历久弥坚，申万宏源助力资本市场健康发展

30 多年来，申万宏源作为新中国证券行业的开路先锋，见证了中国资本

市场从无到有、从小到大、波澜壮阔的发展历程，一直在经济社会发展中发挥作用，敢于担当、勇于作为。积极助力市场发展，代理发行中国第一张 A 股、第一张 B 股等，在风起云涌的证券市场创造了诸多“第一”。在 20 世纪 90 年代，公司 IPO 项目比重长期占据国内资本市场的 40% 以上，为国内资本市场的高质量起步、扩容奠定坚实基础。2015 年创造性完成了合并重组上市工作，成为金融行业国资国企改革的典范。积极维护市场稳定，在资本市场慷慨激荡的发展历程中，关键时刻挺身而出、维护大局，始终坚持稳健经营、稳中求进，严格落实监管要求。积极服务市场改革，着力打造具有申万宏源特色的“新型智库”，向党中央、国务院建言献策，为国家经济、金融、资本市场领域决策提供有力支持；聚焦普惠金融服务，持续坚守，公司在证券行业中最早开展新三板业务，累计为 3000 余家中小企业提供普惠性金融服务。积极响应市场号召，将定点帮扶作为践行“两个维护”和国有金融企业责任担当的重要体现，累计投入超过 2 亿元，是行业结对帮扶地区数量最多、帮扶效果最好的证券公司之一，帮助甘肃会宁脱贫近 17 万人；全面服务“六稳六保”，第一时间支援“疫情”“灾情”地区，帮扶纾困，近年来先后向武汉、河南、山西、吉林等受灾地区捐赠 2000 余万元。

在申万宏源助力资本市场发展的多年历程中，中国证券报始终对公司保持关注和报道，持续传播申万宏源服务实体经济的初心，以及专业业务能力，进一步扩大了申万宏源的市场影响力。

三十载乘势而上，共同迈步资本市场高质量发展新征程

资本市场是一个兼具政治、经济、文化、社会等特征的综合体，建设好、发展好资本市场是一项宏大的系统工程，离不开各方参与者的共同努力。国家提出“建制度 不干预 零容忍”以及证监会提出“四个敬畏、一个合力”的监管理念，就是为了顺应资本市场规律，进一步聚合各方力量。党的十九届五中全会描绘了“十四五”时期经济社会发展的宏伟蓝图，也对资本市场提出了新的要求，资本市场地位空前提高，站在了新的发展起点上。经过 30 年

的积累，资本市场高质量发展的基础和条件正在不断形成和巩固，实体经济潜力巨大、宏观环境总体向好、居民财富管理需求旺盛、国际合作和竞争新优势不断增强，我国资本市场处于难得的战略机遇期。这些成就的取得，是市场开拓者和建设者的大胆探索、锐意进取的结果，是每一位金融工作者辛勤工作和无私奉献的结果，当然也是以中国证券报为代表的优秀财经媒体鼎力支持的结果。

三十年风雨兼程，中国证券报与申万宏源共同携手，在波澜壮阔的资本市场中破浪而生、踏浪前行。未来，底蕴深厚、历久弥新、继往开来、志存高远的申万宏源将以更加宽广恢弘的气度、更加开放包容的文化、更加专业化市场化的理念、更加求真务实的作风，充分增强资本市场中介功能，与中国证券报在更广阔领域、更深层次深化合作，实现资源共享与相互赋能，共同开创无愧于新时代的成绩，共同书写行业新的壮丽篇章，为中国特色资本市场和“十四五”时期证券行业高质量发展贡献更多智慧和力量。

最后，祝愿中国证券报在下一个三十年取得更加辉煌的成就，为中国资本市场的健康发展贡献新的更大力量！

让投资者触摸政策 感受温度

全国政协委员、申万宏源证券研究所首席经济学家　杨成长

今天，中国证券市场已经越来越摆脱了“政策市”的特征，正按照自己的逻辑、稳定运行。然而，政策依然是投资者关注的焦点。宏观政策反映着中国经济的运行轨迹和调控思路，产业政策影响着各个产业的发展环境和导向，金融政策引导着金融市场的改革和创新，证券市场政策完善着资本市场的制度和监管。所有这些政策都影响着投资者的判断，引导着投资者的行为。

作为长期从事宏观政策研究的证券从业者，我始终将解读政策、帮助投资者理解政策，作为重要职责。中国证券报作为“中”字头的证券专业传媒，隶属新华社，扎在北京，天然具备了解读政策的权威性和通道优势。二十多年来，我和中国证券报的结缘，就是从解读政策开始的。与报社不在同一城市，自然少了些人际交往，然而始终尊重中国证券报的正气、权威、诚实和专业的风格，也始终感受着报社对专家人才的尊重。过往历史上多次参加报社召开的专家座谈会，策划年度报道主题，讨论证券市场热点，形成相对固定的专家顾问团队。从“中证网”检索中统计出报社对我提供信息的报道，2020 年七十次，2021 年四十次，今年刚开始已经二十一次了。衷心感谢报社为我提供了广阔平台，衷心感谢编辑和记者们对我的关注。

早期的政策解读以专家解读为主。只要出台了政策，我总能在第一时间接到中国证券报记者们的约稿。速度要求是第一位的。不超过两千字的精悍篇幅以精准的语言解读政策的实质以及对证券市场的影响，成了文章能否被采用的关键。一般的分析文章只能放在后面版面，唯有政策解读性文章，有可能放在头版。有几次，在启功先生书写的鲜红色的“中国证券报”的报头下面，出现了粗黑字体的大标题和自己的名字，着实让人兴奋了一阵子。后来，报社逐步培养自己的评论员。几乎每天都能看到报社专家型评论员对重大新闻和重要政策的富有个性和激情的评述。这几年，报社更加注重对相关专家的集中采访和综合报道了，对重大新闻和政策的解读更加多维和全面了。

自从成为全国政协委员以来，为证券界及时带来每年“两会的声音”成了我的重要职责。中国证券报的记者们总是早早就与我沟通起来，策划报道的角度、方式和主题。在每年两会期间，证券市场期待什么、关注什么、什么样的建议可以通过委员带到两会上，总会成为我们关注的焦点。总理作政府工作报告刚刚结束，我站在人民大会堂的台阶上，就能接到中国证券报记者们急切的询问和采访。今年政府的目标是什么、为什么要确立这样的目标、出台了哪些新政策、资本市场该发挥什么样的作用、对资本市场的影响如何，都成了记者最关注的问题。耳边回荡着总理报告的声音，思绪快速整理着大家最关心的这些问题，用最简洁、鲜明、突出的词汇概述出来，成了我走下人民大会堂台阶需要完成的任务。很佩服中国证券报记者和编辑们的素质和能力，他们总能把我断断续续的语音，整理成完整而靓丽的报道，总能让关键的字眼和观点突出在标题上。现在，总理的工作报告已经同步向全国传播了，记者们不仅仅关注报告的文本，更注重代表和委员们的反应，他们在关注和讨论什么问题、哪些问题成了大家共识、是否有不同的争议。记者们对会议情景的关注有时候会超过对观点的关注。

中国资本市场正步入高质量发展阶段，投资者队伍日渐成熟，机构投资者的话语权大幅度提高。投资者仍然关注政策，但是焦点已经不再是政策出台是否会影响股票市场行情、是否有交易性机会了。政策、经济、行业和公司，构成了从宏观到中观到微观的一个整体，政策影响着经济、产业和公司的发展，也影响着整个金融市场的改革创新方向。政策对证券市场的影响更加持久和稳定。

真诚祝愿和希望中国证券报始终发挥自己的独特优势，突出其作为证券市场投资者、上市企业、证券界专家和政府以及政策制定者沟通和反馈的大平台，传达政策声音，传送政府温暖，反馈市场关切，提供政策关注。

证券市场需要政策解读。如同上市公司信息披露要完整、准确、及时，要易得易解一样，发挥证券市场研究者和专家的功能，准确、完整、及时、大众化的政策解读，始终是证券市场投资者的迫切需求。今天，政策的社会意义和技术含量已经大大超过了以往。综合性的、集成性的、交叉性的政策越来越多。一般投资者很难弄懂创新型、平台型和数字型企业的信息披露内容和财务报表，也很难准确理解和把握相关政策的意义和价值。帮助投资者解读政策成了专业证券研究机构和证券专业媒体的重要功能。如近期中央政府出台了我国发展数字经济的“十四五”规划、国家算力的总体布局、大力发展数字要素和交易市场的相关政策，后期还将出台有关数据产权、交易、治理和风险管理的一系列政策。这些政策无论从总体框架、制度安排、推进措施以及其中牵涉的大量概念和理念，都是一般投资者很难理解和把握的。而数字经济又始终是投资者最关注的热点领域。如果不了解国家发展数字经济的总体布局，只从公司出发去选择投资标的，就很容易迷失方向。解读数字经济的发展政策就成了投资者的迫切需要。

政策制定者需要证券市场的反馈。证券市场的最大优势是有完整的信息披露制度，有规范的季报和年报，最能通过准确的财务数据和经营业绩，反映政策实施的经济效果。证券市场对政策的表现，也反映了政策实施的社会效果。这些政策实施效果，将为政策制定者提供最直接的政策实施效应，并根据这些效应不断调整和优化政策。

政策制定需要证券市场的广泛参与。今天的政策制定已经高度透明化和专业化，吸引政策关涉方参与政策制定已经成为惯例。中国证券报作为证券专业媒体，具有联系企业界、证券投资界、专家群体以及各种社会群体的广泛优势。需要向智库型媒体方向发展，搭建证券界广泛参与的政策拟定、讨论和论证的重要平台，让政策制定过程成为各类市场主体的自觉和自律过程，让利益相关方在政策制定阶段就能及时表达和碰撞相关观点，提高政策的透明度和预见性，最大限度地发挥政策促进证券市场健康发展的效能。

中国证券报三十华诞正当年，适逢中国证券市场正迈向高质量发展阶段，中国经济正在加速科技化、数字化和绿色化，全球金融市场正在加速治理结构、治理体系和规则的重构。只要中国证券报充分发挥自身的特色和优势，加快向多媒合一的综合性媒体方向转型，加快向智库化媒体方向转型，必将在未来发展中创造新的辉煌。

中证报为我提供思考的空间

中泰证券首席经济学家　李迅雷

我应该是国内最早接触到证券市场的人之一，原因是 1990 年上交所还没有设立前，我在上海财大的同学和同事就已投身于以柜台交易为特色的证券市场了。通过与他们的交流和课题合作，让我更多地了解到欧美及香港股市的发展历程。因为我当时在上海财大的财经研究所从事跨国公司方向的研究，接触比较多的是世界银行和国际货币基金组织（IMF）的研究报告，其中涉及各国证券市场的内容不少。这使我在一开始就习惯于从“国际视野”角度看待处于初创期的中国股市。

20 世纪 90 年代初，股市分析的主流方法是技术分析。投资者最崇拜的大师是艾略特，他的波浪理论被当时的绝大部分证券分析人士奉若神明，并运用于 A 股市场的走势预测。我特别怕听股评家们“数浪”，就像我最怕去游览溶洞，听导游指着一个个钟乳石问游客们这像不像“猴子捞月”或“八仙过海”。在我看来，A 股市场当时只是个袖珍市场，规模将以每年翻番的速度扩张，如果样本在大幅扩容，某几个大盘股总股本占上证综指的权重很大，而流通盘却很小，那么，庄家对指数的“操纵”就变得很容易。在这种情况下，股评家们对上证综指的“数浪”还有意义吗？

直到如今，抱怨上证综指“失去了 10 年（仍在 3000 点左右）”的投资者还大有人在，说明大家对这一指数的特性（以总股本市值作为权重的全样本指数）认识还不足。我在当时的市场中作为不认可“技术分析”的少数学者，竟然能得到中证报编辑们的认可。记得 1993 年年末，我写了一篇《1994 年及未来证券市场十大展望》的文章，居然被发表在中证报的头版，这篇有些理想化的文章，显得太学究气了，与当时的市场投机氛围格格不入。事后证明，这篇文章的预言对错参半，可谓“初生牛犊不怕虎”，这也反映了中证报的包容度。

例如，我从 A 股市场创设之初，就一直主张快速扩容。而绝大部分投资者都反对扩容，因为扩容会导致 A 股的“稀缺性”受损，股价下跌。但我认为，决定股价的是 DCF 模型，即未来现金流贴现，只有投机市才炒作“稀缺性”。三十多年过去了，如今 A 股的股票数量已向 5000 只挺进，大家对每天都有的新股上市已经不以为奇了。这种情况印证了我当初在“老八股”时代的预言：当存量足够大时，增量对存量的影响显得微乎其微。此外，我当初还一直对“高送配”概念炒作进行批判，也与当时的市场风格格格不入。但是，中证报鼓励我在当时只有四个版面的有限空间里设了一个专栏，为我作为一个独立的、不代表任何利益方的学者预留“思考的空间”。

从 1994 年开始，国债期货的活跃度大大提升，这是因为 1994 年我国出现了一定程度的物价上涨情况，而国债期货的价格与财政部每个月公布的保值贴补率密切相关。当时，我恰好到上海财大附近的中经开上海营业部兼职，发现推算保值贴补率不是一件困难的事。因为我的本科是学统计的，只要对居民消费价格指数（CPI）的计算方法有一定了解，便可计算出国债期货各大品种的合理估值区间。因此，我在很短的时间内就对国债期货的“价格发现”功能有了一定了解，这比“波浪理论”靠谱多了。

记得当时中证报还开设了一个专栏，叫“十大券商论市场”。尽管我当时只是中经开一家营业部的兼职人员，也欣然从命，每周末写出一篇关于对资本市场的看法的文章。其实，这些文章也就只代表个人观点，与公司无关。后来，中经开涉及合规问题，开始自查有无利用公开媒体影响市场的问题，结果发现我以中经开名义发表的报告，均没有任何涉及合规的问题，反而发现我对市场的预判还比较准确，邀请我正式入职，担任研究主管。我谢绝了，那是后话。只是想说明一点：作为一个学者，任何时候都尽可能保持独立性，不要被利益所绑架。

回想起来，我应该是国内最早的固定收益分析师之一，尽管我当时对宏观经济的理解还非常狭窄，但幸运的是以国债研究为切入点，对央行货币政策工具和财政收支结构都有了较深入的了解。为此，中证报邀请我写长文，先后发过好几篇有关国债的整版或半版的文章。

我与中证报相处了 30 年，从刚创刊时的读者，到后来成为作者、专栏作者。中证报的记者和编辑们与我结识并成为朋友乃至同事的也为数不少。这 30 年来，我为中证报撰文从未间断过。我也从一名大学的学者，先后成为多家券商首席经济学家兼机构业务负责人，与中证报的合作领域越来越多，如中证报和五大券商基金评价机构联合创办的基金业金牛奖，我也曾积极参与其中。我们共同见证了中国证券市场从袖珍市场发展成为全球第二大证券市场的伟大历程。中证报与时俱进，逐步成为一家全媒体的、颇具影响力的专业传播平台，除邀请我撰稿、参加各类高端论坛外，还邀请我对重大事件做即时的语音评论，通过短视频的方式与读者交流观点。

在中证报成立 30 年之际，祝愿中证报基业常青，再创辉煌。

与中证报的两件往事

易方达基金总裁　刘晓艳

中国证券报诞生于中国资本市场起步之初，今年恰逢成立三十周年。我谨向贵报社表示最真诚的祝福和最热烈的祝贺！

中国证券报陪伴和见证了中国资本市场的发展，而我从参加工作起，就跟中国证券报开始了交流，建立了友谊。回首过往的岁月，有两件往事印象最深刻，特别值得纪念。

一件事发生在 1995 年。当时，我在广发证券工作。中国证券报与广发证券合作，在其理论版开设“新世纪论坛”栏目，邀请业内有影响力的专家学者等人士，围绕当时的证券市场热点问题发表相关文章，共同探讨证券市场的建设和发展。我作为广发证券方的协调人参与此事，与中国证券报进行沟通与合作。

1990 年，两大证券交易所——上海证券交易所和深圳证券交易所相继开业，中国内地的证券市场建设拉开序幕。从实践看，从 1990 年到 1995 年，中国内地的证券市场从无到有，还处在发展的初期阶段，有待完善的地方也比较多。在这样的背景下，中国证券报敏锐地把握到了这个时代议题，联合广发证券，通过组织发表理论类文章的方式，努力推动证券市场的完善和发展。

我当时是广发证券方的协调人，中国证券报也有一个负责的编辑，我们几乎每周都要讨论交流。20 世纪 90 年代，交通没有现在发达。我们分处广州和北京两地，一直通过电话沟通，没有见过面。直到多年以后，我已经到了易方达基金工作，才偶然在一次活动中碰到这位编辑朋友，我们很开心地聊起了当年的合作。

另一件事发生在 2008 年。“汶川地震”发生后，我与中国证券报又走到了一起：中国证券报和易方达教育基金会合作发起“爱心家园”计划，我们两个单位联合号召广东的上市公司、金融机构以及资本市场爱心人士筹集善款，在灾区捐建了一所小学。2008 年 11 月，捐建的学校破土动工。经过紧张高效的施工，2009 年 9 月这所学校正式投入使用。我们还给这所学校捐助了教学设备，并持续多年资助了许多需要帮助的学生。

三十年正青春，在未来的日子里，易方达基金希望继续与中国证券报携手，共同为中国资本市场健康发展贡献自己的力量。

二十多年初心不改
我与公募基金成长相伴

银华基金总经理　王立新

今年是中国证券报创刊30周年，也是公募基金行业成立24周年，在时间长河中，中证报与公募基金共同成长、携手共进，一起为波澜壮阔的资本市场画卷增添了浓墨重彩的一笔。

1997年末，我作为第一批基金人在莲花山参加了培训班，人生就此与公募基金打下了第一个情结。作为一名基金行业的老兵，我有幸伴随基金行业一路成长，与公募基金共度了二十多年的美好时光，见证了基金行业早期艰难的探索、中期快速的发展和近年来追求高质量发展，回归资产管理本源的成长历程。

“莲花山会议”对于公募基金行业而言是有历史代表意义的事件。我们参加这个会议的人，应该说就是国内第一批取得基金从业资格的人。当年，范勇宏、高良玉、肖风、莫泰山等基金行业最早一批发起人都悉数参加了这次会议。“莲花山会议”后，公募基金的筹备工作开始紧锣密鼓地开展起来。

1998年是我与中证报真正结缘的开始，具有特殊的意义。那时我是南方基金的初创人员，第一只公募基金——基金开元的招募说明书，就是我和我当时的同事，以及监管领导一起打磨出来的。“万事开头难”，作为行业首只基金，也面临第一份基金招募说明书没有可借鉴材料的窘境。虽然当时证券投资基金管理暂行办法发布，但介绍基金的书很少，只有香港有一些相关资料。我们通宵达旦对照基金暂行办法指引，撰写出了包含基金投资理念、投资范围、投资方法等基本条款的“基金开元”招募说明书。我国第一份基金招募说明书就是这样在没有借鉴资料的情况下，一个字一个字地写出来了。

1998 年互联网还没有普及，信息披露材料需要提前一天送到报社校验、核对，加上“基金开元”又是第一只公募基金，招募说明书的刊登大家都格外小心谨慎。记得前一天晚上，我们在报社等待工作人员录入、排版，然后一直到大样出来，再一遍遍地校对，等到确认无误签字离开的时候，已经是深夜了。第二天，看到油墨清香的报纸上第一份基金招募说明书正式刊登，我们和中证报一起见证了“基金开元”的诞生，也见证了行业前进的一大步。

时代的车轮一直向前，2002 年，我来到了银华基金，城市换了，但跑道没变，初心也没变。在此后的多年间，银华基金八次荣获了中证报评选的金牛基金管理公司。“金牛奖”是我们最看重的奖项之一，是我们追寻的目标，也是工作成果的肯定。作为一名行业老兵，我还有幸获得了“中国基金业 20 年领军人物”这一沉甸甸的金牛奖奖项；公司 A 股投资总监王华也获得了金牛奖“15 周年金牛杰出基金经理”。这些年来公司各类产品共获得 25 次金牛基金奖，这些奖项对我们来说既是荣誉，更是鞭策，激励着我们努力为投资者创造更多的财富回报。

在市场关键时刻，中证报总能引领舆论导向，稳定市场情绪，发挥主流媒体的引导作用。2012 年末，A 股市场连续下跌，11 月 27 日，上证指数收盘价跌破 2000 点整数关口。短期经济下滑使上市公司业绩增速趋缓，投资者对经济转型和中长期经济增速下台阶又十分担忧。悲观情绪演化为非理性的恐慌情绪，导致市场大幅杀跌，市场信心亟待提振。当时从中期看，经济制度层面，中国经济社会有序变革，将释放制度红利，推动中国经济成功转型；市场制度层面，正推进以新股发行市场化为核心的市场交易制度改革，将真正保护二级市场投资者利益。随着这两个制度性条件的酝酿成熟，我们坚定地认为，A 股市场有望迎来新一轮牛市的曙光。新一轮牛市的投资方向，是在经济转型的大背景下，满足“新瓶颈、新周期、新出口”特征的新蓝筹!

12 月 3 日，中证报头版刊发了银华基金一篇题为《坚持价值投资 迎接新牛市曙光》的研究报告。此后，市场迎来了期盼已久的上涨，尤其是创业板触底反弹，开启了为时两年多的一轮涨幅近 6 倍的牛市行情。银华的观点通过中证报放大了传播效应，也提振了市场信心。作为价值投资、长期投资倡导者，公募基金始终坚持价值投资，深度挖掘优秀上市公司价值，这一理念在 A 股市场上逐步形成主流。

2020 年，经过近两年的牛市，基金赚钱效应明显，成为老百姓投资理财的主要工具，资产管理行业发展空间广阔。“基金赚钱，基民不赚钱”是长期存在的一个现象，作为专业的机构投资者，持续锻造核心投研能力，创造持续稳定的超额收益是安身立命的基础。为投资者赚到钱、关心投资者的投资体验和真实回报更是不负所托的应有职责，两者都是我们要坚持做的长期正确的事。

如何实现“光荣与梦想”，真正为投资者赚到钱，成为摆在所有基金管理公司面前的一道必答题。就在这样的背景之下，我接受了中证报记者张凌之的专访《基金行业的使命就是要为投资者赚到钱》，这篇文章再次刊登在了头版上，道出了行业进一步发展亟待解决的问题，使得行业关注点聚焦到了客户盈利层面。

一个企业真正的使命和目的就是“创造客户价值”，这才是更广义的社会责任，只有创新并创造价值才能避免无谓的内卷和低水平的竞争，成为真正受人尊敬的公司。我们所从事的行业是一个为广大投资者谋求财富增值、提高他们未来生活质量的行业。受人之托，代人理财，责任重大，我们必须珍惜和重视我们的职责，真正把各项工作移到提升客户体验，尽力提高客户盈利率和盈利面上来。

成长的路上会充满困难、挑战、风险和陷阱，而经历这些艰难困苦，既是对我们的磨砺和考验，也是我们走向成熟和成功的必经阶段。未来，银华基金期待与中证报这样的主流媒体一起展开更多投资者教育活动，努力为广大投资者谋求财富保值增值，提高老百姓财产性收入，助力实现共同富裕的目标，坚持做长期正确的事，回报持有人，回报全社会。

专业财经媒体传播中国声音
助力市场“发现投资价值”

博时基金董事长　江向阳

一个活跃的资本市场，必然会汇集着海量且多元的各方信息。要提高投资决策效率，就必然需要权威专业的财经媒体对信息进行筛选、整合，以及在此基础上的有效传播。通过这种传播，权威媒体在监管部门、上市公司、金融机构、投资者等市场各方当中搭建起了一条信息互动渠道。正是在这种多方有序的互动中，中国多层次资本市场体系得以逐步完善，并持续发挥着资金融通、支持实体经济等重要功能。

在这个意义上，中国证券报作为主流权威专业的财经媒体，在 30 年发展过程中，对资本市场的信息传递、投资者教育、投资行为监督等各方面，做出了不可磨灭的贡献。

时至今日，我和中国证券报的结缘，已有十多年的时间。

2011 年前后，我在证监会负责新闻办兼网络信息办公室相关工作，主要负责会里的媒体传播内容输出、讲好监管故事、传播监管声音等方面工作。这些内容的对外传播，少不了金融媒体的大力支持。从那几年的传播互动来看，中国证券报在新闻实践中表现出了极高的专业素养。一方面，中国证券报有着一支经验丰富的采编团队，各条线记者长年驻扎一线，在监管政策发布的第一时间及时报道。无论是对政策出台的脉络把握，还是对政策出台的市场影响，中国证券报的报道，既能不偏不倚，又能切中要害。

值得一提的是，我在证监会工作期间，专门研究过信披改革问题。当时，我们团队梳理了美国的电子信披系统发展历程，并结合中国的实际情况，对以下几个问题进行了探讨：

首先，我们认为信息披露制度的存在，有其必要性和重要性。因此，有必要培养一批有政治思想、把舆论当成公器、负有行业责任、能进行深度专业解读、澄清是非讲清事实、专业负责任的媒体。

其次，我们认为在互联网、电子信息化发展趋势下，指定信披媒体在维持信息传播有效性前提下，应保证投资者的信息知情权，将有效信息用一种简洁的方式，让投资者在第一时间接收。

中国证券报 30 年的发展，让我们看到了主流信披媒体在资本市场浪潮中不断夯实主流宣传阵地，在 4G 和 5G 浪潮中持续进行全媒体融合，朝着网络化、电子化、可视化等方向转型的蓬勃发展过程。我想，这并不只是我一个人的感受，更是资本市场各方的感受，大家对此是有目共睹的。

我自 2015 年到博时基金工作后，与中国证券报的互动交流不仅没有减少，还大大增加了。主要有两方面：

一是日常的采访互动。博时基金是国内最早成立的 5 家公募基金公司之一，截至目前已发展成我国资产管理规模最大的基金公司之一，公募基金、养老金、专户管理等业务规模均处于行业第一梯队。在多年的发展中，博时基金形成了较为完整的产品服务体系，客户群体涵盖社保、年金、机构客户、传统银行渠道个人客户、互联网渠道客户等，客户总数量超过 1.5 亿人，管理总规模超过 1.8 万亿元。

历年来，在每个公募行业发展的重要历史时期、每次大的市场行情节点、博时基金创新产品发行和重大业务策略发布等时候，中国证券报记者都把博时基金列入重点采访名单。根据公司发展情况，我和记者进行了全方位、多层次的沟通交流，尽可能地为行业输出意见观点，同时让市场对博时基金有着更好地了解。

二是中国证券报的“中国基金业金牛奖”评选活动。

中国证券报在 2010 年获得首批基金评奖业务资格，由中国证券报主办，银河证券、天相投顾、招商证券、海通证券、上海证券等五家机构协办的“中国基金业金牛奖”，目前已成功举办十九届。该奖项得到了基金行业和监管层的广泛认可，成为中国资本市场最具公信力的权威奖项之一，一直以来被誉为中国基金业的“奥斯卡”奖。

金牛奖是对基金公司和基金经理投资业绩的充分肯定。对基金公司而言，获得金牛奖不仅是一项荣耀，也是一份成绩评价。这一奖项对树立基金公司形象，推广基金产品等起到了明显的释放效应。金牛奖是中国证券报在多年发展中打造出来的“核心资产”。如今，中国资本市场的发展进入了新时代、新阶段，更加聚焦高质量发展。中国经济是孕育大量投资机会的一片沃土，将持续为股票市场带来投资机会。特别是，以公募基金为主的资管行业，将会迎来新一轮发展格局。相信，在与金牛奖评选的持续互动中，资管机构的投资内涵会越来越丰富，持续朝着引导资源配置、服务实体经济转型升级方向，最终实现“发现投资价值”目标。

最后，值此中国证券报成立 30 周年之际，衷心祝贺中国证券报生日快乐，感谢中国证券报对资本市场生态发展的重要贡献。同时，希望中国证券报未来能继续秉承优秀传播者讲究新闻品质、承担社会责任的态度，为行业输出更多有深度思考、具备洞见能力的声音，对市场主体发挥友好的监督作用。

睿者致远　风好正扬帆

——祝贺中国证券报创刊三十周年

嘉实基金董事总经理、嘉实裕远投资管理中心总经理　邵　健

30岁而立之年，见证了资本市场从0到1的黄金时代。

30年，放在时代的长河里，也才刚刚开始。

证券市场30年的记录者

2004年，中国证券报启动第一届“中国基金业金牛奖”评选，当时我刚结束了在国泰君安五年多的行业研究生涯，进入了尚在初期的公募基金行业，公募基金虽然弱小却生机盎然，对我而言充满了吸引力。同样是在2004年我接管嘉实增长，正式踏上投资管理的实践道路。是嘉实增长让我和中国证券报结下了长久的缘分，此后管理嘉实增长等产品的多年间，9次得到金牛奖的青睐。尤其让我印象深刻的是2018年荣获第十五届中国基金业金牛奖评选特设的“15周年金牛杰出基金经理”，这个奖项的含金量毋庸置疑，为我的投资生涯增添了浓墨重彩的一笔。每次走过公司12A的奖台，88座金牛奖杯静静地立在那里，对我和我所服务的嘉实是切实的鼓舞和鞭策。

回顾过去，感慨万分。1998 年，国内成立了首批公募基金公司，自此行业以破竹之势迅速发展。在这一年，作为证券市场的新兵，我有幸见证了公募基金行业的从零启动。从 0 到 32 万亿，公募基金行业的万丈高楼离不开基金持有人、管理人、托管人、监管部门以及媒体朋友的添砖加瓦，尤其是权威评价体系更是为行业提供了重要参考和经验借鉴。

一路走来，我深刻体会到金牛奖能够成为具备高度影响力、公信力的权威评价奖项并非偶然，其背后不仅拥有多家专业机构的共同加持，在多年的发展过程中，其始终秉持公开、公平、公正原则，并与时俱进持续更新完善评价体系，最终形成了独具特色的核心竞争力。

30 年来，中国证券报不遗余力地记录、观察、推动着中国资本市场的发展成长，她的权威属性以及引领预期、一锤定音的影响力，已然成为我日常工作生活中最为关注的媒体之一。

资本市场 30 年成长与我的成长投资

时间铺就黄金时代。30 年间，A 股市场经历了初出茅庐的稚嫩，到股权分置改革推出后的逐步完善，到多种融资手段的推出、交易平台的逐步细分，再到注册制的实施，同期上证指数从基点 100 点上涨到现在的 3000 点，A 股也晋升为全球第二大股票交易市场。这个从 0 到 1 再到逐步完善的成长过程，作为其中的参与者实在是倍感荣幸，跨越这近 30 年的历程也让我感慨万千。

我是典型的成长风格投资人，成长投资侧重于“寻找未来盈利增长较快，内在价值迅速提升、动态投资价值显著的证券”的投资方法，相关标的需要满足空间巨大、竞争力强、成长持续性较好、动态估值极低的标准。资本市场过去 20 多年的高速成长之路，与我所秉持的成长投资方法论也是颇为契合。

大势起，万水千山。国内资本市场成立之初，恰恰是经济发展少有的高速增长期，大量的产业和企业增速远远高于经济增速，所以我们能在过去的二十年里见到有相当一批企业的盈利增长在 20 倍、30 倍、50 倍甚至 100 倍以上。

嘉实增长是一只带有强“成长属性”的基金产品，在我与历任基金经理管理期间，倾向于配置代表不同历史阶段的高成长股票，任职期间回报率为768.11%。复盘这只产品，之所以业绩不错，首先得益于中国经济的快速成长，提供了诸多伟大的投资标的；其次在投资过程中形成了一套依据自己经验和风格提炼出来的成长股投资方法论，并坚持高标准选择优质高成长企业，同时也离不开团队的精诚合作。

在成熟的资本市场，成长投资依旧是最好的投资方法之一，中国经济快速发展了这么多年后，成长投资依旧魅力不减。虽然中国经济总量达到相当规模，但大量结构性产业机会方兴未艾，存在较多成长空间巨大的企业。

A股自去年以来的调整扰动着大家的心绪。调整一方面源自2019年–2021年牛市带来的估值消化、新冠肺炎疫情带来国内经济增速下滑；海外方面，美联储进入加息周期、突如其来的地缘政治冲突加剧了股市动荡。资本市场就是如此充满未知与戏剧性，可喜的是，过去一年多股市的调整已极大地消化了这些利空因素。

没有一个冬天不会过去，没有一个春天不会到来。在“危”扰动的同时，也是“机”悄然来临的阶段。目前看，短期可能还有许多的不确定，但是，我们如果保持耐心并立足于中长期，大概率会看到比现在温暖的多得多的投资环境。就我个人感受而言，依旧乐观看待未来十年的成长投资机遇，即使未来十年经济增速回落到5个点左右，甚至更低一点的增速，中国依然是全球体量最大、增长最快、最有活力的经济体之一。无论是消费、服务、TMT、生物医药还是高端制造，都有望产生很好的投资机会，依然会孕育出许多5倍、10倍以上空间的细分领域和公司，而这些方面的优秀公司很多目前的动态估值都还比较低。

雨雪风霜30载，不忘初心，方得始终，你们是公募基金行业的见证者、亲历者、记录者，为行业的健康发展保驾护航，为投资者指明道路和方向。30岁是而立之年，放在时代的长河里，也许才刚刚开始，相信未来更加熠熠生辉。

携手并进　开创未来

——祝贺中国证券报创刊30周年

中国建筑股份有限公司董事会秘书　薛克庆

值此中国证券报创刊30周年之际，谨向贵报致以热烈的祝贺！对贵报立足资本市场、发挥专业特色、融合创新发展取得的丰硕成果表示诚挚的祝贺！

30年来，贵报坚持与我国资本市场改革发展同相伴、共进取，以坚定的政治方向、正确的舆论导向、敏锐的专业素养，准确把握宏观政策精神，着力挖掘市场信息价值，有效发挥媒体舆论监督作用，切实践行了“可信赖的投资顾问”宗旨。面对新媒体发展变革和资本市场新变化，贵报创新推进融合发展，打造了“资讯＋服务＋商务”的新模式，在着力构建一流财经全媒体的道路上行稳致远、引领潮流！

回望过去，中国建筑从2009年在A股公开上市伊始，便与贵报携手并进、紧密合作。

2009年7月中国建筑A股IPO，是当时国内资本市场的重大事件，社会各界高度关注。中国证券报作为资本市场权威媒体，站在政治高度，对中国建筑A股上市进行全力支持，多次在中证报头版进行专题报道。期间，还对公司管理团队进行深入专访，就中国建筑的投资价值进行充分阐释，为中国建筑股票顺利发行提供大力支持。

2009 年 7 月 24 日，中证报在头版对中国建筑申购冻结资金情况进行报道，同时为了打消投资者对巨额冻结资金影响市场的疑虑，中证报在三版以“中国建筑投资定位对市场影响”进行整版报道，从各个角度分析了中国建筑的投资价值。中国证券报充分发挥主流媒体一锤定音的影响力，为中国建筑顺利上市提供了有力的支撑。

13 年来，我们保持着友好的合作关系，聚焦重点任务、关键节点，适时推出了《中国建筑：党的领导与公司治理相统一 促进公司高质量发展》《中国建筑“建证”雄安新区 5 周年发展纪实》等专题报道，发出了中国建筑的时代好声音；注重价值挖掘、回应市场热点，充分展现了公司在践行“双碳”战略、服务数字经济、引领行业发展等方面的新思路、新举措、新成效，擘画了中国建筑践行新发展理念的生动实践；构建常态机制、强化日常合作，跟踪式报道公司分红情况、投资者保护工作、业绩定期推介活动等动态，推动了公司价值经营取得新成绩。

我担任中国建筑董事会秘书不久，贵报华北运营中心负责人即带队来访。通过深入交流，双方加深了了解，建立了常态化合作机制，对于中国建筑践行高质量发展的动态与进展，中国证券报都给予了及时准确权威的报道。

上市以来，中国建筑营业收入增长超 7 倍，复合年均增长率达 18%，净资产收益率保持在 15% 的行业高位水平。上市以来，中国建筑将保障投资者权益放在重要位置，坚持把尊重投资者、回报投资者、保护投资者作为义不容辞的责任。13 年来，公司累计向全体股东派发现金红利超 600 亿元，共享企业发展。同时，坚持每年定期开展业绩说明会和业绩推介工作，不断创新丰富投资者沟通方式与内容；举办主题鲜明的投资者开放日活动，创新发布投资者保护工作报告，不断提升全体投资者的获得感、安全感、幸福感。

近年来，中国建筑多次组织反向路演和机构调研活动，邀请中证报和主流机构投资者、中小投资者到公司项目现场调研。我本人与相关高管接待调研，并与投资者就公司战略、竞争能力、科研实力、市场格局等市场关心的话题进行深入交流。

今年 4 月，中国建筑举办 2021 年度业绩说明会，首次采取网络直播形式。中国建筑投关联系人积极与我们沟通，建议在中国证券报“中证金牛座”App 进行同步直播。随后，贵报紧急协调美术设计、技术保障、路演直播、文字采编等多个岗位工作人员，全力支持，圆满完成了年度业绩说明会的直播工作和报道工作，取得了较好的传播效果。

中国建筑积极探索并开展多样化创新的投资者保护工作，中国证券报均全程参与，并给予了大力支持。

站在新的历史起点，祝愿中国证券报继续发挥优势，坚持守正创新，不断增强媒体融合力，在资本市场媒体改革发展中勇立潮头、壮阔前行！希望以贵报创刊30周年为契机，双方进一步增进交流、加强合作，牢记初心使命，共谋发展大局，讲好中建故事、资本故事、中国故事，为中国资本市场高质量发展作出更大贡献！

三十而立迎新篇　携手前行谱辉煌

——当升科技热烈祝贺中国证券报创刊30周年

当升科技董事长　李建忠

百年征程恰风华正茂，浓墨重彩谱盛世华章。经历百年奋斗，中国人民取得了举世瞩目的成就，站在新时代新征程的历史起点，我们一起迈向中华民族伟大复兴之路。2022年，中国证券报迎来创刊30周年。在此，我谨代表当升科技向中国证券报致以最诚挚的祝贺！

二十世纪九十年代初，中国资本市场开启了镌刻辉煌篇章的序幕。为更好宣传国家经济、金融、证券相关政策，为资本市场有序发展提供媒介，便于广大投资者及时了解与把握市场动态，作为国家通讯社新华社主办的全国性证券专业媒体——中国证券报于1992年正式创刊，成为中国资本市场风云激荡、波澜壮阔发展历程的见证者。

回顾过往30年，中国资本市场从无到有、从小到大，从国内到国际，一路栉风沐雨取得了令世界瞩目的成就。中国证券报不仅是亲历者，更是积极推动者。30年来，中国证券报在深度解读中央政策方针、大力宣传中国资本市场改革与发展、倾心服务广大市场主体、切实保障市场公平秩序、积极维护投资者权益等方面做出了一系列突出贡献，其鼎力打造的“金牛奖”被誉为中国资本市场的“奥斯卡奖”。30 年来，中国证券报始终恪守国家级财经媒体的办报宗旨和社会责任，成为中国资本市场的一面鲜明旗帜。

当升科技与中国证券报结缘于 2010 年公司上市之初。从那时起，中国证券报就成为公司的指定信息披露媒体和重要的合作伙伴，双方良好的合作关系延续至今已有十余年。作为最具市场影响力的全国性财经媒体，中国证券报在挖掘并传递当升科技上市公司价值，服务公司各类投资者，搭建投资者与公司交流平台等方面起到了关键作用。

当升科技作为中国资本市场第一家以锂电正极材料为主营业务的上市公司，逐步发展壮大成为行业龙头企业，被誉为行业的技术引领者，公司的发展与中国证券报的倾力支持密不可分。在新能源汽车产业发展之初，市场尚处于刚刚起步阶段，当升科技凭借自身技术优势，率先进入动力电池材料领域，引领行业进入发展快车道。为使资本市场能够充分了解新能源汽车产业发展方向，中国证券报通过对当升科技进行采访、专题报道等方式，深度解析我国新能源汽车产业政策，分析研判行业发展方向，有力助推我国新能源汽车行业健康发展。同时，中国证券报与我们始终保持密切沟通，为当升科技利用好上市公司平台开展重大资产重组、定向增发等投融资工作提供了全方位支持，在公司借助资本市场做大做强做优的过程中发挥了重要作用。

中国证券报在当升科技与广大投资者之间架起一座沟通桥梁，为增进广大投资者对公司的了解和认同、保护中小投资者合法权益提供了便捷高效的路径。当升科技投资者关系管理工作也取得显著成效。2021 年，当升科技荣获第 23 届金牛奖“2020 年度投资者关系管理奖”，我本人也十分荣幸获得“2020 年度金牛企业领袖奖”。在中国证券报等合作伙伴的共同支持下，近年来当升科技在全球资本市场的影响力与号召力显著增强。2019 年、2021 年，当升科技先后入选富时罗素、MSCI 全球著名股票指数样本股，公司的长期投资价值和行业地位获得“国际权威认证”，展现了公司在全球资本市场的良好形象。

回首过往，我们感恩中国证券报的一路陪伴与帮助。展望未来，我们将与中国证券报继续携手前行，共同挖掘新能源领域投资价值，不断促进新能源汽车产业健康发展。当升科技也将始终秉承“创新驱动、技术引领”的发展理念，不断推动锂电正极材料行业高质量发展。

衷心祝愿中国证券报越办越好！

关键时刻从不缺席

比亚迪

2022 年 6 月 10 日，比亚迪的市值首次突破万亿元，这是个令人激动的时刻。万亿元市值是资本市场对比亚迪作为新能源汽车引领者的褒奖，也是对比亚迪坚守新能源汽车事业、造福社会大众初心的加冕。

这更是中国新能源汽车弯道超车战略的胜利。这一天，在全球车企市值排行榜上，比亚迪超越大众汽车集团，紧随特斯拉和丰田，成为当前唯一一家入围世界前十名的中国车企。中国汽车行业等这一天，等了很久很久！

比亚迪的成长历程并非一帆风顺。新能源汽车是新生事物，从一开始就受到各种质疑。作为行业引领者的比亚迪，更是栉风沐雨、筚路蓝缕，不断砥砺前行才有了今天。在艰难成长的路上，比亚迪深刻地感受到了来自社会各界朋友的亲切关怀，对此心怀感激，中国证券报也是其中的重要一员。作为资本市场专业、权威的主流财经媒体，从我们上市起，中国证券报就一路陪伴，每每在关键时刻主动现身，架起公司与投资者实时互通的桥梁，澄清事实，传递公司价值，体现了大报担当和责任，赢得了投资者和我们的敬重！

2012 年“5・26”事件是比亚迪上市后经历的一道大坎，至今使人记忆犹新。5 月 26 日凌晨，一辆红色小汽车在深圳侨城东路段与同方向行驶的两辆出租车发生碰撞，造成一辆比亚迪 E6 出租车起火，导致车内三人当场死亡。新闻曝出来后，相当一部分消费者对锂电池以及比亚迪新能源车的安全性提出疑问，比亚迪的股价第二天一度触及跌停。

上述事件发生后，比亚迪在第一时间进行了公告。中国证券报记者及时联系了时任公司董事会秘书的吴经胜进行采访。吴经胜表示，因为没有接触到这台起火的 E6，警方还没有给出调查结果，所以，当时并不清楚起火的具体原因。不过，他对中国证券报记者强调，公司投放市场的 E6 都通过了国家质量检测，产品是合格的、安全的。

中国证券报很快将吴经胜的这一观点报道出来，在一定程度上打消了市场的疑虑，在危急关头稳定了投资者对比亚迪的信心。与此同时，中国证券报迅速派记者对比亚迪的电池实验室进行实地调研，亲眼见到了这里的电池被刀劈火烧都很难爆燃的情景，这更坚定了中国证券报记者对比亚迪电池安全性的信心。由于要等待正式的调查结果，因此，应我们的要求，中国证券报没有将此时的调研正式形成报道，而是作为新闻素材在合适时使用。

8 月 3 日，期盼已久的调查结论终于到来。当日上午 10 时，深圳市发改委在会展中心召开新闻发布会，事故鉴定专家吴志新在会上宣布，两次碰撞中三名乘客所受机械伤害造成致命性伤害。比亚迪 E6 整车安全设计未见缺陷。事故中，该车动力电池没有发生爆炸，72 节单体电池未起火燃烧。同时还确认了比亚迪 E6 电动出租车符合要求更高的美国检测标准。对于这一结论，中国证券报用很大篇幅进行报道，有效回应了各方关切，增强了投资者对比亚迪的信心。

发布会后，中国证券报派出记者小组，就新能源汽车的安全问题、技术路线、市场切入点以及市场空间等主题，对比亚迪进行了为期一周的采访。当时，除采访董事长王传福外，中国证券报记者小组还对财务总监兼董事会秘书吴经胜、负责电池技术与生产的第十四事业部副总裁罗红斌、负责发动机研发与生产的副总裁张金涛、负责新能源公交车业务的副总裁王杰进行了全面深入的采访。此外，中国证券报记者还试乘试驾了新能源汽车，参观了车辆碰撞实验和多条生产线。在深入调研的基础上，中国证券报陆续刊发了一系列深度报道，为比亚迪雪中送炭，为中国新能源汽车产业鼓与呼。这组稿件中的《纯电动车深圳模式可行：万亿公交市场待掘》刊发于 2012 年 9 月 4 日，重点报道了新能源汽车如何切入市场的问题，这也是当时大家最关心的问题。当时，市场人士普遍觉得新能源汽车“叫好不叫座”：社会效益虽然好，但难以打开市场。这篇报道的刊发引起市场广泛关注。

2012 年 11 月 6 日，中国证券报就市场推广问题，浓墨重彩地刊发了《比亚迪王传福：纯电动车是摇钱树 明年现拐点》，重点报道公司与国开行等金融机构针对出租车与公交大巴市场的“四零”方案。2013 年 3 月 13 日，中国证券报再就市场推广问题刊发《比亚迪助深圳打造“纯电动汽车之都”》。如今，新能源汽车成为市场的“香饽饽”，造车新势力方兴未艾，比亚迪新能源车单月销售逾 10 万辆。中国证券报十年前的这组报道，正是比亚迪千方百计破冰新能源汽车市场的宝贵见证。

在很多人看来，比亚迪如今有万亿元市值是个传奇，巴菲特、芒格坚定持有比亚迪也是个传奇。2008 年，伯克希尔哈撒韦公司入手比亚迪股份（01211），持有 2.25 亿股，入手价每股 8 港元。2014 年 12 月 18 日，公司 H 股以及 A 股股价出现暴跌，其中 H 股当天跌幅一度高达 43.75%，最后全天下跌 28.84%。因为有传闻称巴菲特、芒格减持了比亚迪，以及融资盘爆仓等不利消息。

对于这次“不寻常的下跌”，中国证券报表示了高度关注，在公司公告后迅速对董事会秘书李黔进行了专访。之前中国证券报一直很支持比亚迪，与公司形成了相当信任的关系，公司也很希望像中国证券报这样的主流财经媒体成为比亚迪舆论宣传的主阵地。当天的采访很顺利，气氛也不错。此次报道逐一厘清公司股价暴跌传闻，提振市场对公司的信心。中国证券报把“巴菲特未减持”这一重磅回答做到标题里，告诉投资者公司运营一切正常，巴菲特的 2.25 亿港股持仓没有动，也没有发现他们将减持公司股票的任何迹象。通过这次采访报道，双方互信进一步加深。

除了新闻报道以外，在比亚迪的成长路上，中国证券报主办的中国上市公司金牛奖评选活动也不断给予公司鼓励与认可。“金牛”见证着比亚迪的拼搏和成长，比亚迪也亲历了“金牛生态圈”的构建和不断完善。

千里至此共明月！感谢中国证券报的一路相伴，感谢中国证券报对新能源汽车事业发展的远见卓识，以及对服务广大投资者初心的坚守！

斗转星移，今年已是中国证券报的“而立之年”。祝愿中国证券报继续书写时代华章、传播时代强音，为资本市场的改革发展发挥更大的作用！

中国证券报和我们的“股改第一股”

三一重工董事长　向文波

股权分置改革已经过去多年，但往事历历在目。每次回想，我都觉得这是一件很有历史意义的大事，记忆犹新。在“股改第一股”最终花落三一重工这件事上，我们也和中国证券报建立了良好的“革命情谊”。

2005 年五一假期，中国证监会宣布，启动股权分置改革试点，三一重工与其他三家企业被选为首批股改试点企业。

为什么选我们？一是我们业绩良好，市场形象不错，股权结构单一。二是我们愿意付出改革成本、承担相应风险。除此之外，很多人不知道，我们在 2003 年上市前就提出了股权全流通设想。2004 年 3 月，公司创始人之一梁稳根在出席全国人大会议时，就提出了相关议案。所以对股权分置改革这件事，三一重工很早就在中国证监会那里“挂了号”。

在五一节后第一个交易日，三一重工获批股改试点的重大事项公告，就被中国证券报刊发在报纸头版显著位置，并在头版头条位置对公司获得股改试点进行采访报道，报纸同时刊发“历史的转折 可贵的实践——论启动股权分置改革试点”特约评论员文章，这些都体现出中国证券报的政治敏锐度与新闻判断力。

2005年5月10日，我们披露股改预案，中国证券报再次在头版头条位置，对我们的股改方案进行了详细报道。与此同时，中国证券报组织了“股权分置改革是大势所趋”“市场转折的信号——股权分置改革试点通知评析”等专家文章，为我们的股改工作鼓与呼。

推进过程中的压力比我们想象中的大很多，股改对价是关键点。当时没有任何标准，都是在反复沟通中寻找大股东和小股东之间的平衡点。但是，我们三一核心决策层都已经下定决心，不管付出多大代价与对价，都要确保公司股改成功，改革成功，为资本市场重大改革闯出一条新路。

为了顺利推进股改，当时，我们每天开新闻发布会，与媒体以及市场各方进行沟通交流。我记得当时中国证券报的记者天天守在公司，早上能见到他，中午能见到他，晚上他还在那守着，有任何消息和动态都第一时间传递到市场上去。同时，外界的声音他也第一时间跟我们沟通，传递给公司，让公司在股改的推进过程中能够与市场、股东、专家学者们顺畅的沟通。股东投票前夕，中证网更是开出先河，直接在三一重工总部进行了一场股改网上说明会直播。

我记得当时，中国证券报的记者采访了一位上海的投资者。那位投资者是看了公司相关数据后，看好公司股改的方案，买入了一万多股公司股票，成本 19 元 1 角 7 分，而且明确表示，会上将投赞成票。这些对公司股改方案充满信心的声音不断传递到市场，为公司股改成功提供了助益。

6 月 10 日下午两点，股权分置改革临时股东大会在长沙召开。当时清华同方已在我们之前率先投票，但是很遗憾他们没有通过。在这种情况下，为保证这次会议顺利召开，得到良好结果，我们做了精心安排，大股东和小股东平等地坐在主席台下。为了安全，我们把喝水的茶杯都从瓷杯换成了纸杯。

也是因为我们前期的不懈努力和不惜一切代价闯关的决心，最后现场投票结果是 190497151 股同意，1 股反对，通过率 99.99648%。我们成为了“中国股改第一股”，开启了中国股权分置改革新纪元，中国股市就此进入全流通时代。

正如中国证券报新闻报道中写的：“今天，三一重工迈出了一小步，对于中国资本市场来说，是跨出了一大步。股权分置改革的成功推进，预示着中国资本市场将拥有一个美好的未来。”

股改方案通过后，我和中国证券报的记者通了个电话，当时我说：“很高兴，心里舒服、快乐！改革后的三一重工将更加美好！”如今 17 年过去了，三一确实越来越好，在 2020 年超越美国巨头卡特彼勒，问鼎挖掘机销量世界第一之位。这一路走来，少不了以中国证券报为代表的主流媒体的支持。

在中国证券报 30 周年之际，衷心祝愿中国证券报越办越强，更上层楼！

怀揣技术报国之心
共襄中国医疗器械“黄金十年”

迈瑞医疗

1991年1月，迈瑞医疗成立；1993年1月，中国证券报正式创刊。可以说，迈瑞医疗与中国证券报诞生的时代背景是相同的。

30年来，凭借着中国经济高速发展的东风和自身的拼搏，迈瑞医疗成为全球领先的医疗器械与解决方案供应商，中国证券报更是早已成为全国极具知名度和影响力的头部财经类媒体。随着这些年迈瑞医疗与资本市场的贴近，公司一直重视中国证券报这样一份财经领域主流报刊所带来的信息。

在中国证券报成立30周年之际，迈瑞医疗首先要送上最热烈的祝贺！同时也表达最诚挚的谢意——感谢中国证券报多年来对迈瑞医疗信息披露和宣传报道工作提供的帮助，将迈瑞医疗作为科技创新型上市公司的风貌向市场充分展现。

2018年，迈瑞医疗开启A股上市之旅，公司得以与中国证券报有了更深的交集。

当时，围绕迈瑞医疗回A上市的话题，市场上充斥着各种声音，这里面既有对公司的鞭策和期许，也不可避免地存在诸多误解。对此，中国证券报记者多次与迈瑞医疗沟通，对公司进行了深入的实地调研。经过几次接触，公司董事长李西廷最终被中国证券报专业、诚恳的态度打动，打消了顾虑，在主流财经媒体中率先接受了中国证券报记者的专访。

2018 年 4 月 19 日，在迈瑞医疗正式上市前期，中国证券报在重点版面刊发了迈瑞医疗的专访报道《李西廷：迈瑞医疗将重启 IPO》，客观专业地向投资者传达了迈瑞医疗回归 A 股的真实想法和公司的内在价值，成为国内投资者深入了解、研究迈瑞医疗的第一手宝贵资料。

迈瑞医疗始终认为，专注主业经营、实现技术报国，是支撑公司发展的推动力。当年，在高端医疗器械设备领域，中国厂商仍缺少话语权，进口依赖度过高，导致医疗成本高。医疗器械关乎生命健康，必须坚持走自主研发的创新发展路径。迈瑞医疗在摸着石头过河试水自主创新的同时，也想跟国际巨头比一比。

到今天，迈瑞医疗已经基本实现了当年的构想。创业 30 年，公司产品覆盖生命信息与支持、体外诊断、医学影像等多个领域，创下数十个“国内第一”，成长为国内业务规模超前、产品线丰富的医疗器械企业。国际上，公司产品及解决方案应用于全球 190 多个国家和地区，赢得众多海外高端医疗机构认可。现在，迈瑞医疗已经把很多具有先发优势的国际同行比了下去，开始寻求实现“全球医疗器械前 20 名”这一目标。

众人拾柴火焰高。迈瑞医疗能够在中国医疗卫生服务体系稳步进入高质量发展的新阶段发挥重要作用，离不开包括中国证券报在内的各方支持与关注。

自 2018 年围绕迈瑞医疗 A 股上市进行深入探讨后，中国证券报就一直保持着对迈瑞医疗发展的高度关注，在上市公司高质量发展、新冠肺炎疫情暴发等多个公司成长和社会环境变化的关键节点，都有中国证券报记者活跃的身影。

2020 年 4 月，新冠疫情肆虐对全球医疗保障体系造成巨大冲击，迈瑞医疗生产的呼吸机等设备海内外订单猛增，工厂产能被拉升到极限。以迈瑞医疗为代表的“中国制造”成为全球抗疫的中坚力量，成为全世界关注的焦点。

在这样的态势下，中国证券报编委彭勇亲自带领采编团队，对迈瑞医疗亚洲最大的医疗器械生产基地进行了调研采访，并陆续在中国证券报头版刊发了《珠三角为全球抗疫注入“硬核”力量》等一系列重磅报道，在资本市场一锤定音，向外界展示了中国制造的韧劲和中国积极抗疫的决心。

此后，中国证券报一直积极为公司宣传建言献策，将成长中的迈瑞医疗的真实情况反馈给广大投资者，《迈瑞医疗：创新实干走自主研发大道》《积极参与医疗新基建 迈瑞医疗自主创新破解“卡脖子”难题》等一系列优质的深度报道陆续刊发，多角度、多层次向资本市场传递了迈瑞医疗不断向前发展的声音。

自2018年创业板上市以来，迈瑞医疗开启了中国医疗器械产业“黄金十年”的序幕；迎战肆虐全球的新冠肺炎疫情，并始终奋战在一线全力抗疫；见证中国全面消除绝对贫困这一人类历史上的伟大篇章。上市四年以来，迈瑞医疗受到社会各界前所未有的关注。

回顾迈瑞医疗与中国证券报这些年来携手共进的日子，既有坎坷路上的搀扶助力，也有收获成绩后的举杯共庆，更有发展前行中的不断鞭策与鼓励……迈瑞医疗在不断发展壮大的过程中，与中国证券报的友谊也更加深厚。

多年来，在中国证券报见证与陪伴下，迈瑞医疗不断夯实经营基本面，积极投入自主研发，持续优化公司治理结构，躬身践行社会责任，走出了一条高质量发展的道路。基于这些表现，中国证券报为公司颁发了“金牛最具投资价值奖”“金牛社会责任奖”等多个资本市场重磅奖项，让公司深受鼓舞，也让资本市场对于迈瑞医疗有了更加深刻的了解。

栉风沐雨，行稳致远。中国证券报与迈瑞医疗一样，双双迈过了30年征程，步入了“而立之年”。今天，借助中国证券报这个平台，再次感谢长期以来关心支持迈瑞医疗的朋友们。未来，迈瑞医疗“普及高端科技，让更多人分享优质生命关怀”的使命不会变，也希望中国证券报越办越好，继续见证迈瑞医疗等中国上市公司高质量发展的新局面。

踏步新时代　领唱好声音

——爱尔眼科热烈祝贺中国证券报创刊30周年

爱尔眼科董事、副总裁、董秘　吴士君

“客观、公正、权威、创新、独到”，是资本市场对中证报长期以来的普遍评价，也是爱尔眼科上市至今的深切体会。

爱尔眼科上市13年来，营业收入增长约25倍，公司市值增长约30倍，不仅成为医疗行业的生力军，也成为市场瞩目的白马股。在爱尔眼科起步腾飞的过程中，以中证报为代表的主流媒体发挥了不可或缺的影响力，是公司高质量发展的强大助推器。

爱尔眼科既是全球连锁的眼科机构，也是市场关注的公众公司。自上市之日起，公司管理层就秉承公开、透明、规范、健康的可持续发展理念，因此，争取媒体支持、拥抱媒体监督、建立统一战线、形成鱼水关系，成为公司处理媒体关系的基本方针。多年来，中证报坚持多角度宣传爱尔眼科的价值，除了定期报告、重大收购、资本运作之外，还对公司的医疗质量、公益慈善、党建、投资者关系等进行持续关注报道，让社会公众和投资者全面动态了解爱尔眼科，为长期投资、价值投资起到了必不可少的桥梁作用。

在长期紧密的合作历程中，我们深切地体会到中证报具有三大特点：

一是权威性。权威性就是话语权，就是影响力，指引大方向，传递正能量。比如，在2021年建党100周年之际，中证报详细报道了爱尔眼科的党建工作：《担实责出实招做实事增实效 爱尔眼科以党建促公司高质量发展》，通过爱尔眼科的实践示范，让更多企业体会到“党建强 发展强”这条基本规律。又如，爱尔眼科始终重视履行社会责任，持续开展医疗扶贫，在抗击新冠肺炎疫情中出人出力、捐款捐物。在2021年郑州等地遭遇特大暴雨灾害时，中证报率先报道了公司第一时间向河南捐赠500万元救灾的事迹，引导全国各地向灾区群众伸出援手，弘扬了社会正能量。

二是独到性。随着爱尔眼科关注度的提高，各类媒体报道不断增多，但能以独特视角进行深度透视的凤毛麟角，中证报记者通过深入一线、与创始人对话、连年参加公司年度股东会等途径，详细报道爱尔高速发展向高质量发展转型的动态情况，《爱尔眼科董事长陈邦：脚踏实地做百年爱尔》发布后，得到了广大投资者的欢迎，对判断公司发展趋势、引导长期理性投资产生了积极作用。

三是创新性。权威而生动、深度而灵活，不板起脸说话，让读者喜闻乐见，是中证报创新性的突出优势。随着上市公司数量快速增长，高质量投资者关系成为打造上市公司新优势的必由之路，也是建设高质量资本市场的必然要求，然而很多媒体报道偏于理论、失之空泛。中证报记者既有高度，又接地气，善于捕捉创新举措，并且以生动的表述引发投资者的关注，在爱尔眼科上市10周年之际的报道就是典型的例子：《壕！创始人向“老铁”股东送“股票”，这家公司10年涨了13倍，福利又来了》，典型性和借鉴性都很强。

爱尔眼科的发展，得益于中证报的大力推动，得到了中证报的充分肯定，先后多次荣获“金牛奖”，如2015年度金牛领袖奖、2018年度金牛投资者关系管理奖、2019年度金牛董秘奖、2020年度金牛最具价值投资奖，等等。在以中证报为代表的主流媒体的支持下，爱尔眼科将永葆事业初心，争做“六好青年”：患者满意、员工自豪、政府放心、社会认可、同行尊重、伙伴共赢。

衷心祝愿中证报更上层楼，越办越强，欣逢新时代，领唱好声音！

中证报助力企业资本市场改革探索

福建高速董秘口述　中国证券报记者杨烨整理

我是福建高速上市后几个月来公司工作的，算是公司的一个老员工了，在证券部工作的二十多年里，我和我的同事与中证报打交道还是很多的。一方面，我们通过中证报了解市场，获取有价值的第一手信息，增强对资本市场专业领域知识。另一方面，中证报权威、深度、专业的报道，在福建高速几次关键时期，都起到非常重要的作用。

一次珍贵的“专访”

尽管没有亲历整个上市的过程，不过在后面和很多领导、同事的交流中，也了解到当时的一些情况。

我省高速公路建设起步晚、任务重，资金短缺，迫切需要多方面、多渠道筹集建设资金。为此，在泉厦、福厦高速公路建成之初，省政府就抓住当时国家鼓励基础设施企业实行股份制改制上市的机遇，当机立断，决定把刚通车不久的泉厦高速公路作为重组资产，改制上市，以盘活存量高速公路资产。

1999 年 6 月 28 日，这是福建高速公路融资史上具有里程碑意义的日子。由福建省高速公路有限公司为主发起人，以泉厦高速公路为主体资产，改制成立了福建发展高速公路股份有限公司。2001 年 1 月 5 日，“福建高速”公开发行人民币普通股 2 亿股，2 月 9 日成功在上海证券交易所上市，融资金额高达 13 亿元，从而实现了资本的快速扩张。

在当时，福建高速成功上市，也是福建省国有企业积极利用资本市场实现改革创新的标志性事件。2001 年 1 月 5 日，当时中国证券报记者施如海对时任福建省省长习近平进行了专访并刊发在头版，标题是《资本市场大有可为——福建省省长习近平谈海峡西岸繁荣带建设》。

我在报纸上读到这篇专访，领导不仅仅肯定了福建高速上市的战略意义，也对福建省如何充分发挥资本市场作用，加快基础设施建设，推进海峡西岸繁荣带建设实现新的突破等方面进行了论述，特别是在如何推进国企战略性重组方面，提出了包括促进国有企业股权多元化、推动国有经济的布局调整、促进上市公司参与现有国有资产存量调整三方面基本思路，并且为福建省下一步如何培育上市后备资源、提高上市公司质量、加快证券机构发展提出具体工作要求，给以资本市场作为动力推进福建省基础设施建设指明了方向。

实际上，“福建高速”自诞生之日起，就沿着上市融资——收购优质路产——置换省级资本金——再融资——再收购优质路产这个不断循环的方向发展，发挥着连接高速公路建设与资本市场之间桥梁与纽带的作用，为全省高速公路建设筹集了大量建设资本金。

据统计，公司上市以来，“福建高速”累计为全省高速公路建设筹集了 70 多亿元省级资本金，按省级资本金占资本金 1/3 计，带动了 200 多亿元的资本金投入，以此撬动了 600 多亿元的总投资。

作为一家国有企业，福建高速充分利用资本市场优势，较大程度缓解建设资金的紧张状况，促进了我省高速公路的滚动发展。

破解融资“密码”

2007 年 4 月，省委、省政府作出了具有战略意义的重要决策：启动福厦漳高速公路“四改八”的扩建工程。这是全省人民瞩目的特大建设项目，实施后不仅可满足交通量迅速增长和区域经济发展的需要，更是海峡西岸经济区发展新形势的需要。扩建完成后，通行能力将成倍增加，将更好地连接福建省经济最发达的东南沿海城市，有利于加强海西区与长江三角洲和珠江三角洲的交通联系，促进福建省对外经济合作，发挥高速公路连接内陆、纵深推进，延伸两翼、对接两洲、承接辐射的前锋作用。

应该干！钱从哪里来？在扩建工程中，泉厦高速扩建工程初步设计概算 65.9 亿元，预计于 2010 年底建成通车；福泉高速扩建工程初步设计概算 90.4 亿元，预计于 2011 年底建成通车。

由于扩建工程资金需求量大且时间集中，资金成为摆在面前最大的难题。在当时，如果单纯依靠自身积累，以及银行贷款、发行债券等债务融资方式解决资金需求，公司将面临较大的财务压力，资产负债率也将达到极限水平，不利于长足发展。

充分利用上市公司及其优良业绩的优势，通过资本市场融资无疑是最好的尝试。在当时公司主要领导的部署安排下，2007 年初，相关部门便开始紧锣密鼓地着手增发的各项前期准备工作，并在 2008 年 3 月将增发申报材料上报中国证监会。2008 年 7 月 18 日，“福建高速”增发申请顺利通过发审委的审核，也成为再融资开闸后首批拿到发行批文的公司之一。

天有不测风云。2008 年下半年起，金融海啸席卷全球，股市低迷，证券市场融资处于停滞状态，给公司正在进行的融资带来了挑战。我们一方面加快福厦漳高速扩建工程的前期工作，组建了强有力的驻京前期工作小组，加大前期工作力度，使前期工作顺利推进。另一方面也在密切注视着股票市场的动向，做好增发各项准备，随时择机启动增发。

转机终于盼来。伴随走出金融危机阴影，经济开始了逐步复苏，股票市场也走出低迷，出现局部的“牛市”。2009 年 6 月，在经历了 10 个月的暂停新股发行后，中国证监会开始重启新股发行政策。新股发行政策开闸后，为早日拿到证监会批文，当时公司领导亲自带队到北京补充材料，加强与有关部门人士沟通。

2009 年 7 月 24 日拿到证监会批文后，公司领导又带队多次到广州，与增发保荐机构和主承销商广发证券进行沟通，协调确定发行方案。在登出招股公告后的短短三天时间内，领导及经营层分兵几路，同时到北京、上海、深圳等地，与 50 多家基金、保险等机构投资者进行一对一的推介和路演。而整个过程中，通过中证报刊发的专业性资讯和市场分析，让我们能够更快更准确地掌握市场信息动态，了解政策走向，更加顺利完成增发前期工作。

在公司路演的关键期，中证报权威、深度、专业的报道也对福建高速帮助很大。我记得当时报社记者对福建高速进行了多次采访报道，从财经专业角度出发，客观深度呈现了企业经营全貌和投资价值，提升了市场关注度和认可度，为公司和投资者沟通搭建了桥梁。在多方的共同努力下，公司这次增发也受到市场的广泛认可，当时效果非常好，2009 年 12 月 2 日，成功发行 35000 万股，募集资金 22.5 亿元。

这部分募集资金不仅仅意味着泉厦扩建工程的全部资本金得以解决，同时公司偿还了部分银行贷款，有效降低了公司资产负债率，减少了大量财务费用，为未来业绩长足发展起到了重要作用。

持续不变的“绩优蓝筹”

公司上市以来，在证券市场上始终保持稳健发展，成为市场中绩优、蓝筹的典范，并以优良的业绩和丰厚的回报回馈广大投资者。

公司所辖的泉厦高速公路、福泉高速公路和罗宁高速公路，贯通了福建省经济最发达、外向度最高、最具生机和活力的沿海地区，贯穿地区及城市经济总量占福建省经济总量的 70% 以上，是海峡西岸经济区最发达地区的主线公路。目前，福厦高速是福建省乃至全国最为繁忙，也是效益最好的高速公路之一。

公司经营业绩保持稳健增长态势。2021 年年报显示，公司营收规模创历史新高，实现营业收入 29.77 亿元，同比增长 28.00%；实现归母净利润 8.29 亿元，同比增长 83.37%，每股收益 0.3021 元；加权平均净资产收益率为 8.15%，同比增长 3.48 个百分点。

回顾公司二十余年的发展，感谢报社的一路陪伴和支持，2022 年不仅是中证报的三十周年大日子，更是实施“十四五”规划的关键之年。站在新的历史阶段，公司将继续推动落实“主业提升、投资驱动”的发展战略。积极谋划，主动作为，通过适时适度开展内延式发展或外延式并购等方式，增强主业可持续发展能力，也期待中证报的下一个三十年，更加辉煌！

启航，驶入资本市场的星辰大海

——中证网路演史话

中国证券报总编办总监　潘大鹏

1994年，中国互联网正式接入国际网络，从此开启了一个新的时代。

1996年初，中国证券报在全国率先推出报纸电子版，网络编辑每天一大早对报纸版面PS文件进行反解，然后将重要稿件签发到网上，用户通过Modem拨号上网浏览。当时电子版的栏目架构和网页内容非常简单，但在国内互联网刚刚起步的当年，实属首开先河之举，大大方便了偏远地区的上市公司和投资者，特别是在当地没有印点、当天看不到中国证券报的地方，更是大受欢迎。

2000年12月，经历了第一次互联网浪潮洗礼之后，中证报电子版正式更名为“中证网”。至2001年，经过5年的积累与发展，中证网已成为我国最具影响力的金融证券网站之一。依托新华社的整体新闻采集能力与中国证券报在金融证券领域的权威地位，中证网每天实时发布大量的国内外财经证券新闻资讯，各大门户网站、财经专业网站均将中证网作为信息源头，大量转发转载。除内容报道之外，伴随着网络技术的发展进步和资本市场的成长壮大，中证网快速提升自身的服务功能，路演推介、网上会展、财经对话、形象展示等服务栏目逐渐建立起来，这些顺应了市场各方需求的新项目，一经推出即大受青睐。特别是网上路演，因为即时、开放、互动和成本低、效率高的特点，非常契合 A 股市场散户众多的特征，因而更受上市公司和中小投资者的喜爱。

一纸通知，打响上市公司网上路演发令枪

互联网时代的到来，不仅改变了人们的阅读方式和获取资讯信息的渠道，也推动上市公司信息披露以及与投资者沟通的方式进入了全新阶段。

2001 年 1 月 10 日，中国证监会发布《关于新股发行公司通过互联网进行公司推介的通知》（以下简称《通知》），要求新股发行公司在新股发行前，必须通过互联网采用网上直播（至少包括图像直播和文字直播）方式向投资者进行公司推介，也可辅以现场推介；同时要求，新股发行公司的董事长、总经理、财务负责人、董事会秘书和主承销商的项目负责人，必须出席公司推介活动，并向证监会书面承诺其向投资者发布的信息不存在虚假、误导性陈述或有重大遗漏。《通知》规定，网上直播推介活动时间不少于 4 小时。该《通知》自 2001 年 3 月 1 日起执行。

上市公司首次公开发行新股（即 IPO）传统的路演推介活动，主要是发行人、承销商与投资机构进行面对面的沟通，不仅工作量很大、耗时较长、效率低下，而且与我国日益壮大的中小投资者群体不相融，存在着明显的信息不对称问题。网上路演形式的出现，及时化解了这一难题。

上市公司 IPO 网上路演推介会，通过网络技术成功地建立起新股发行公司与广大投资者的直接沟通渠道，对所有市场主体而言都是一举多得。对发行人来说，可以在网络上用图片、文字、视频等传播方式，立体地展示企业的综合形象；对投资者来说，无论是机构还是个人、本地还是异地，所有人都可以在网上与公司高管进行实时互动交流，有效地解决了中小散户只能被动接受招股说明书内容的局面；对承销商来说，网上路演可以提高整个发行的透明度和发行效率；对监管部门来说，则可以通过网上路演进一步强化新

股发行公司的信息披露，促进新股发行公司高管人员提高规范运作意识，有利于加强对上市公司的监管。

证监会的一纸通知，无异于打响了上市公司网上路演的发令枪。由此开始，上市公司首次公开发行 A 股进行网上推介路演作为制度规定正式施行。随着上市公司网上路演纷至沓来，中证网路演中心逐渐成为资本市场各类主体互动交流的功能平台。一家家上市公司从中证网路演启航，驶入资本市场的星辰大海。

一马当先，中证网路演中心尽显首发优势

作为中国证券报官方网站，凭借中证报在资本市场的权威地位、与市场各方主体的良好关系、自身多年发展积累的丰富经验等先发优势，中证网在上市公司网上路演发令枪响之时，便当仁不让地居于业内领先位置。

2001 年 7 月 30 日，湖北洪城股份新股发行网上路演在中证网成功举行。洪城股份属于证监会发布《通知》后的第一批 IPO 公司，以国家级高新技术企业身份进入资本市场，成为全国第一家上市的阀门制造企业。

2001 年 12 月 22 日，陕西宝光股份 IPO 网上路演在中证网举行。当天是周六，有投资者提问：贵公司干嘛挑周六早上路演？是不是不想让更多投资者提问？宝光股份时任董事长杨宝立马上作答："这是由中国证监会安排的，欢迎您来提问。"事实上，虽说是周六，但投资者参与热情依然很高，路演期间共收到 400 多个问题。印象中，这是中证网这些年唯一一次在周末举办的网上路演。

2002 年初，中证网深圳演播室正式启用，标志着由北京、上海和深圳三地演播室组成的中证网路演中心全面建成，在国内财经网站中率先实现了不同地区的多点联播。其中北京演播室面积 300 多平方米，分为视频直播区、网上交流区、嘉宾休息区，可同时容纳 150 人参加网上推介活动。当时，中证网与国家级重点网站——新华网共享 1000M 带宽和技术保障，确保了信息的畅通传输及高保真的影音效果。无论是舒适的演播厅环境、优良的硬件设

备，还是路演团队的专业水平、职业精神，中证网在当年国内网站中都是名列前茅。

2002 年，共有栖霞建设（2002.3.13）、长江股份（2002.5.21，今精工钢构）、第一投资（2002.7.16，今海南机场）、精达股份（2002.8.26）、亚宝药业（2002.9.9）、裕丰股份（2002.10.11，今老白干酒）、腾达建设（2002.12.10）等 10 家上市公司 IPO 网上路演在中证网举行。

2003 年 1 月 17 日，安泰集团在中证网举行 IPO 网上路演。需要特别指出的是，这场路演是一个分界点。在此之前，报社领导大多以特邀嘉宾身份出席活动，不仅在路演开始介绍嘉宾时名列其中，而且第一个上台致欢迎辞；在此之后，报社领导仅尽地主之谊，在路演开始前和路演结束后与发行人及保荐人嘉宾会见言欢，而不再以特邀嘉宾身份出席活动。

2003 年共有 16 家上市公司在中证网举行了 17 场 IPO 网上路演，除安泰集团（2003.1.17）外，还有四川路桥（2003.3.7）、芜湖港（2003.3.12）、星马汽车（2003.3.14，今汉马科技）、安徽水利（2003.3.28）、恒生电子（2003.4.25）、南方航空（2003.7.9）、中金黄金（2003.7.29）、凌云股份（2003.7.30）、山东黄金（2003.8.12）、赛马实业（2003.8.13，今宁夏建材）、石岘纸业（2003.8.18，今九有股份）、三元股份（2003.8.28）、长力股份（2003.9.15，今方大特钢）、国电南瑞（2003.9.22）、恒生电子（2003.11.28）、金证股份（2003.12.5）。其中恒生电子时隔半年在中证网举行了两场 IPO 网上路演。

说起恒生电子 IPO，可谓是一波三折。2003 年 4 月 23 日，恒生电子发布招股说明书，拟定于 4 月 26 日发行 1700 万 A 股；4 月 25 日，按计划在中证网举行了 IPO 网上路演；4 月 26 日公司突然公告，北京恒升远东电子计算机集团向北京市第一中级人民法院起诉公司侵犯其注册商标专用权，法院已经受理，鉴于该诉讼事项属重大诉讼事项，公司决定暂停新股发行。11 月 25 日，因“商标侵权”案被搁置 7 个月的恒生电子终于得到证监会核准，11 月 26 日再次刊登招股说明书，11 月 28 日在中证网举行了第二次网上路演。一次 IPO，时隔半年与投资者进行两次网上沟通交流的上市公司，恒生电子是 A 股市场上绝无仅有的一家。

2004 年 1 月至 2005 年 5 月，共有 23 家上市公司 IPO 网上路演在中证网举行，分别是：TCL 集团（2004.1.5）、国通管业（2004.2.2，今国机通用）、凤竹纺织（2004.2.9）、涪陵电力（2004.2.16）、交大博通（2004.3.11，今博通股份）、动力源（2004.3.16）、滨州活塞（2004.3.22，今渤海汽车）、科达股份（2004.4.8）、华胜天成（2004.4.9）、雷鸣科化（2004.4.12）、洪城水业（2004.5.14，今洪城环境）、博汇纸业（2004.5.21）、长丰汽车（2004.5.27，已退市）、风帆股份（2004.6.28，今中国动力）、思源电气（2004.7.20）、恒源煤电（2004.7.30）、双鹭药业（2004.8.24）、华电国际（2005.1.21）、中材国际（2005.3.28）、飞亚股份（2005.4.11，今华孚时尚）、兔宝宝（2005.4.18）、包头铝业（2005.4.18，被中国铝业吸收合并）、晶源电子（2005.5.19，今紫光国微）。

2005 年 4 月 29 日，经国务院批准，中国证监会发布《关于上市公司股权分置改革试点有关问题的通知》，宣布启动股权分置改革试点工作。按照“统一组织，分散决策”的试点思路，股权分置改革的核心内容是对价，由上市公司董事会协助非流通股股东，通过投资者座谈会、媒体说明会、网上路演、走访机构投资者等多种方式，与 A 股市场流通股股东进行充分沟通和协商，最后达成改革方案。期间，网上路演是非常重要的环节。中证网敏锐地抓住这一关键机遇，率先推出“中国股权分置改革网”，第一时间抢占股改宣传的制高点，进一步巩固和扩大了中证网路演中心的优势版图。

2005 年 5 月是一个非常重要的时间节点，因股权分置改革启动，新股发行暂停，中证网路演中心由此全面转向股改网上交流路演。5 月 9 日，三一重工、清华同方、紫江企业等四家公司发布重大事项公告，宣布作为首批公司率先试点股权分置改革，在随后的一个月时间里，上述三家公司分别在中证网举办了股改试点网上投资者沟通会。其中需要特别说明的是，6 月 6 日下午 2∶00—5∶00，中证网将直播现场搬到了长沙，在三一重工总部直播了其股改网上说明会。经过非流通股股东与流通股股东深入沟通交流，三一重工修改后的股改方案于 6 月 10 日顺利通过。在当天的股东大会上，三一重工董事长梁稳根感慨道："今天，三一重工迈出了一小步，但对于中国资本市场来说，是跨出了一大步。"的确如此。三一重工股改的成功，不仅使其摘取了"股权分置改革试点第一股"的桂冠，也标志着我国股市就此进入全流通时代。

2005 年 9 月 4 日，证监会发布《上市公司股权分置改革管理办法》，正式吹响了股权分置改革全面推进的冲锋号，股权分置改革进入全面铺开阶段。9 月 12 日，40 家公司宣布进入股权分置改革程序，此后每周约有 20 家公司启动股权分置改革。随之而来的是，中证网承办的股改路演家数急剧增加，最多时一天在京沪深三地举办 5 场路演，北京路演中心曾一天举办 3 场股改说明会。那段时间，报社领导总是身穿西服打着领带，因为每天都要会见股改公司和保荐机构的高管，路演团队的同志们更是每一天都在"紧张忙碌并快乐着"。

2006 年 4 月 29 日，股权分置改革启动恰好一周年之际，证监会就《首次公开发行股票并上市管理办法》（IPO 新规）公开征求意见。此举意味着，经历了一年的改革，中国资本市场即将跨出"新老划断"的关键一步。截至当天，沪深两市已完成或者进入股改程序的上市公司共 868 家，其中近 200 家公司在中证网举行了股改交流会。

一骑绝尘，中证网蓝筹股路演屡创"业内之最"

2006 年 5 月 25 日，中工国际在深交所网站公开发布招股意向书。至此，中国资本市场暂停近一年之久的新股发行大门重新打开，表明股改已取得决定性胜利。股权分置改革结束了上市公司两类股份、两个市场、两种价格并存的历史，消除了困扰中国证券市场十几年的不确定性和系统风险，为优化资源配置、提高市场效率、增强市场承载能力铺平了道路，为大型国企发行 A 股上市扫清了障碍，也吸引众多海外上市的大型国企动了"海归"之心。

2006 年 6 月 9 日，中国银行 A 股首发申请取得通行证，成为"新老划断"后第一家 H 股回归 A 股、在沪港两地同时上市的国内大型银行。6 月 22 日，中国银行 A 股 IPO 网上路演在中证网成功举行。路演吸引了众多投资者与网民热情参与，访问量达到中证网自举办上市公司路演以来平均访问量的 5 倍以上。时任中行董事长肖钢在回答提问时表示，中行发行 A 股是我国资本市场有史以来最大的公开发行项目，是股权分置改革以来第一家大型上市公司项目，中行由此成为第一家在境内外上市的银行。

IPO 重新开闸之后，证监会发审速度明显加快，许多大盘蓝筹股在中证网举行 IPO 路演。其中重点公司包括大秦铁路、粤水电、中国国航、北辰实业、日照港、高新张铜（今沙钢股份）等。

2006 年 9 月 27 日，我国最大的商业银行——中国工商银行发布招股意向书，被誉为“世纪招股”的工行 IPO 正式启动。10 月 18 日，工商银行在中证网成功举行 IPO 路演，创造了多项“业内之最”：中证网首设“国际路演区”，配备了十条 IDD 国际长途专线，实现了身处海外、仍在进行国际路演的工行董事会及管理层部分成员与国内投资者的无障碍沟通；路演当天，董事长姜建清率领的红队人员在美国洛杉矶，行长杨凯生率领的蓝队在荷兰阿姆斯特丹，副行长李晓鹏率领的橙队在北京中证网路演现场，像这样三个路演团队在全球三地同时参加网上路演、同时在线回答投资者问题的盛况，在 A 股网上路演的历史上实属第一次；持续 4 个小时的路演受到投资者高度关注，反应非常热烈，有 2000 多位投资者在线提问，点击率高达 16 万次，均创 IPO 网上路演新高；工商银行、主承销商、财务顾问、律师事务所、财经公关公司的嘉宾及工作人员 130 多人莅临中证网路演现场，人数之多创下网上路演之最。

2006 年 10 月 27 日，工商银行登陆 A 股和 H 股市场。工行成功上市，标志着中国资本市场“大蓝筹时代”正式到来，从此 A 股市场的发展战略出现了重大转型，在海外上市的大型国企尤其是 H 股公司陆续回归 A 股市场，成为全流通制度下 A 股市场一道亮丽的风景线。

2006 年 12 月 6 日，大唐发电回归 A 股网上路演在中证网成功举行。

2006 年 12 月 11 日，中国铝业吸收合并山东铝业、兰州铝业暨山东铝业股权分置改革、兰州铝业股权分置改革网上路演在中证网举行。这是我国海外上市央企首次通过换股吸收合并旗下 A 股上市公司从而实现回归 A 股，是我国资本市场上的又一重大创新，也为其他拥有 A 股子公司的央企回归树立了典范。

2006 年 12 月 12 日，回归 A 股的广深铁路在中证网举行 IPO 网上路演，该公司挂牌后成为中国唯一一只内地、香港、纽约三地上市的铁路股。

2006 年 12 月 25 日，“保险第一股”中国人寿回归 A 股 IPO 网上路演在中证网举行。路演现场有几个鲜明的特点让人记忆深刻。其一，路演不忘老本行——推销保险。“敬业”的老总们有的向在场的中证网工作人员推介公司的险种，有的则在回答网友提问时“支招儿”：“如果本次你申购不到人寿的股票，建议你购买中国人寿的保险产品。”其二，偏爱公司员工和代理人。“这是我们的代理人，我要回答他的问题。”路演开始几分钟，中国人寿时任董事长杨超便点中一个问题。其三，反复强调会给投资人良好回报。时任总裁吴焰回答网友提问简洁有力：“中国人寿会给投资者良好的回报，让大家身心愉悦。”时任银河证券总裁朱利，则为投资者送上一颗“定心丸”，“我们每承销一只股票，都要保证大家得到好的回报。中国人寿充满发展潜力，是一只能给投资者带来良好回报的大盘蓝筹股。”

2007 年 1 月中旬，中证网对“演播中心”频道进行了全新改版，专门设置了“蓝筹路演专区”。同时，路演团队还特别为蓝筹公司网上路演活动设计了整套运作指南，更新了软硬件设备，优化了演播系统，进一步增强了路演过程中图文传输的流畅性及影音效果。

2007 年 1 月 22 日，以崭新面貌重装上阵的中证网演播中心迎来了兴业银行 A 股 IPO 网上路演。兴业银行网上、网下冻结资金高达 1.16 万亿元，创冻结资金历史记录。

2007 年 2 月 5 日，重庆钢铁和柳钢股份 A 股 IPO 网上路演分别于上午、下午在中证网举行。其中，重庆钢铁于 1997 年 10 月在香港发行 H 股并上市，此次发行 A 股亦属于 H 股回归。

2007 年 4 月 18 日，中信银行网上路演在中证网举办。作为国内证券市场第二例 A+H 同步发行上市，中信银行路演团队兵分三路，一路由董事长孔丹带领取道美国纽约，行长陈小宪携另一路人马奔赴德国法兰克福，常务副行长吴北英率队留守北京。这又是一次跨越三大洲的网上互动。

2007 年 4 月 24 日下午，交通银行时任董事长蒋超良率交行管理层，来到中证网设在上海浦东香格里拉大酒店的网上路演现场，与广大投资者进行交流。之所以将交行 A 股 IPO 路演现场搬到酒店，主要是受限于当时中证网上海演播室的面积，容纳不了交行和三家联席保荐机构等近百人的庞大路演队伍。在征得交行领导的同意后，中证网路演团队立即行动，第一时间制定详细方案、确定人选分工、采购打包设备，提前两天携带所有装备赶赴上海考察场地、测试网络、进行细节准备，头一天晚上正式入场布置会场，拉电布线、摆放桌椅、安装机器、调试音响、装背景板等一应事项，十来个人一直忙活到深夜才完成。当天上午，保荐券商和财经公关的工作人员到来后，看到布置一新、万事俱备的会场，纷纷竖起大拇指夸赞：中证网效率就是高!

作为第五大国有控股商业银行、第一家海外上市的商业银行，交通银行回归 A 股自然引起资本市场的广泛关注。事实表明，交行的回归是一个重要的信号，随后在境外上市的大型国企群体进一步加快了回归步伐，纷纷踏上回归 A 股之旅。

2007 年 6 月 15 日，中国远洋回归 A 股 IPO 网上路演在中证网举行。中国远洋 A 股发行，以 98.67 倍的市盈率和 16290 亿元的冻结资金规模，创下 A 股 IPO 新纪录。

2007 年 9 月 10 日，国内最大城商行——北京银行 IPO 网上路演在中证网举行。现场嘉宾中有两位老外，分别是时任北京银行副行长的比利时人侯德民，以及时任行长助理的法国人森华。他们在翻译的配合下，严肃认真地与网友交流了 4 个小时。

2007 年 9 月 14 日，中国建设银行回归 A 股 IPO 网上路演在中证网圆满举行。时任建行董事长郭树清率公司高管团队与投资者进行了深入交流。

2007 年 9 月 19 日，中海油服回归 A 股 IPO 网上路演在中证网举行。

2007 年 9 月 24 日，中国神华在 H 股上市两年之后，首次公开发行 A 股网上路演在中证网举行。

2007年10月25日，中国石油回归A股IPO网上路演在中证网举行。作为集“亚洲最赚钱公司、亚洲能源第一股、总市值权重最大股”等多项殊荣于一身的超级大盘蓝筹，中国石油回归A股市场，刷新了内地IPO融资纪录、最大市值及冻结资金纪录。

此后两年，中煤能源、中国铁建、中国南车、中国中冶、中国重工、中国北车、农业银行等一众大型央企接连在中证网举行IPO网上路演。至此，中行、工行、交行、建行、农行五大银行均成功在中证网进行A股IPO路演。自2006年IPO重新开闸以来，中证网几乎包揽了众多蓝筹公司A股IPO网上路演，成为当之无愧的中国蓝筹股路演首选网站。

一致好评，各方参与者均对中证网路演赞不绝口

多年来，一些极具影响力的公司之所以选择中证网作为自己与投资者进行沟通交流的平台，就是看中了中证网演播中心优良的演播环境和软硬件设施，专业人员高超的技术水平和职业素养，以及路演团队精心周到、无微不至的优质服务。凡是来中证网参加过或观摩过路演的嘉宾和工作人员，无不对中证网舒适的演播环境、完备的技术条件、自信轻松话语幽默的主持人、尽职敬业让人放心的路演团队印象深刻，中证网因此而备受赞誉。很多国内一流的证券公司、保荐机构、财经公关公司纷纷把项目推荐到中证网进行路演。时任银河证券副总裁汤世生在南方航空IPO路演（2003.7.9）现场明确表示，中证网演播中心和路演流程部署令人非常满意，将公司后面的项目也推荐到中证网进行路演。

“中证网已经成为闻名业界的‘大盘蓝筹专用路演网’。”时任国泰君安证券董事长祝幼一在参加工商银行A股IPO网上路演（2006.10.19）时坦言，中证网为新股发行提供了很好的路演环境。中国资本市场要在诸多方面不断提升，真正意义上的发展刚刚开启大幕，“中证网已经承担了很多重大任务，但这只是个开头。很多海外蓝筹股也将回归，这里将成为全国、甚至全世界瞩目的地方。”

作为头部券商的中信证券，几乎承担过所有国内大中型银行上市的项目，时任中信证券董事总经理德地立人多次来中证网参加路演，他时常点评中证网的路演亮点：突出的协调能力和创新精神；高效的工作团队；先进稳定的技术设施；严谨专业的工作作风。他多次表示，中证网的路演负责人把整个工作安排得井井有条，而且与中国证券报拥有同样的风格——高端、主流、正规。而时任中信证券投行部执行总经理王长华则对路演主持人风格赞不绝口，“优雅大气，轻松自信，不失亲切”。

谈及对中证网路演中心的感受，无论是老客人还是新面孔，几乎第一反应都是很满意。2007 年 4 月 19 日，中信银行在中证网举行 A 股 IPO 网上路演，时任主承销商中金公司高级经理朱峰向发行人嘉宾热情介绍，“我们都是老朋友了，经常来中证网路演，都是熟面孔。这是一个很好的平台，可以与投资者直接交流，给他们一个更加鲜活的印象，也能赢得他们更多的信任。”路演结束后，时任中信银行副行长曹彤称赞：你们组织很有经验！虽说是海内外三地同时上线参加路演，但配备了充足的国际专线，整个过程组织得井然有序，忙碌高效，没有一点纰漏。

新兴铸管曾经多次在中证网进行路演。自 2005 年股改、2006 年增发路演后，2009 年 8 月 6 日，该公司公开增发 A 股网上路演第三次选择中证网。“我们欣赏中证网的路演环境、服务及专业水平，中证网对公司的每个重要发展阶段都给予了有力的支持。”时任新兴铸管总经理张同波一再向报社领导表达谢意。

时光荏苒。本世纪初的十年，是中国资本市场发生重大转折的十年，是中国股市惊心动魄、精彩纷呈的十年，也是中证网快速发展、直达高光时刻的十年。中证网演播大厅有幸见证并参与了股权分置改革、蓝筹股回归、上市公司资产注入、IPO 潮起潮落等 A 股市场一项项重大变革，记录了无数著名大公司和公司高管以及保荐人士的身影，传播了那些企业家、银行家、投行家们的专业理念，为促进我国资本市场健康可持续高质量发展贡献了自己的一份力量。

因为实力所以权威；

因为专注所以专业；

因为成熟所以主流。

这既是中证网路演中心保持多年的优势所在，也是中证网路演中心始终不变的初心写照。我们相信，中证网路演团队一如既往地秉承严谨专业之态度、勤勉敬业之精神，必将为资本市场各类主体提供更加全方位、多层次、前瞻性地服务，在新征程上不断谱写新篇章创造新辉煌。

第四部分
30 年，金牛使命担当

与金牛奖同行：坚持长期主义　彼此成就价值

富国基金总经理　陈　戈

今年是中国证券报成立30周年，金牛奖也举办了十九届。伴随着资本市场的成长壮大，资管机构与财经媒体，投资者与评价机构，互相促进共同成长，奏响一曲基金业稳健发展的恢弘乐章。每一位在基金行业中打拼、奋斗的从业者，就如一个个不可或缺的乐符，跳跃其间，汇聚成曲。

2000年10月，我加入富国基金从事研究工作。5年后，我从研究转向投资，开始管理富国天益，直至2014年4月卸任，工作重心从投资转向了公司管理。2006年，我管理的富国天益第一次获得"开放式股票型金牛基金"奖；随后在2007年、2009年、2010年、2011年，又4次获得金牛奖；并在2013年金牛奖创立十周年之际，个人有幸获得了"金牛奖十周年特别奖"。

金牛奖是2004年中国证券报创立的专业奖项，自首届以来，金牛奖便凭借权威、专业的评选标准受到基金业和投资者的认可，目前已成为基金行业的"奥斯卡"奖，为投资人遴选出一批优秀的管理人和基金经理。以富国天益为例，受益于市场发展及金牛奖带来的示范效应，富国天益的规模也由2005年中的1.79亿元增长至2007年底的133.85亿元。

随着管理规模的增长、投资研究的深入，专业评奖机构许以的嘉奖、投资者许以的信任，给了我“做好投资、带好团队、持续创造价值”的力量。在担任基金经理期间，我逐渐形成了个人的投资风格：不追热点，按照基本面自下而上选股，选择有潜力的公司，然后长期持有。因为我坚信，好的股票是拿得住的。由此，2009 年至 2011 年，富国天益连续 3 年获得金牛奖，并且在 2010 年、2011 年连续两次获得“五年期股票型金牛基金”，彼时主流的评价标准也将目光投向中长期，长期价值投资的理念获得专业机构的认可。

基金经理能获得金牛奖，固然是值得称道的。但独木不成林，如何让投研团队整体变强，让富国基金不同个性的基金经理能“百花齐放”？作为富国基金投研团队的负责人，如何实现这一目标？我们究竟需要一个什么样的投研体系，才能够持续地为投资者创造回报？这些问题曾让我思虑良久。

彼时，中国证券报已经在评奖时引入了长期投资的理念。长期主义不仅是基金投资的内生动力，同时也是金牛奖的内在基因。如何为投资者带来长期业绩？我们在实践中寻找答案，和团队找到了共同的内核——“深入研究 自下而上 尊重个性 长期回报”，即富国基金的新十六字方针理念。深入研究、自下而上，是富国投研基因中早已成型的，而尊重个性则是在这一时期的实践中探索而成。

2009 年，我提出让基金经理“将风格进行到底”的观点。我发现，带领团队做好投资，就像是观棋者，不要指挥下棋者应该怎么做，而是要拿来非常多的棋谱，与他们探讨各个对手的特点，找到自己的棋风，提高自己的水平。将风格进行到底，使我们的投研团队在统一的投资理念指导下，可以按照自己擅长的风格和策略，逐渐形成各自的投研个性。团队既要有共性，更要有个性，归根到底，就是要“尊重个性”。时至今日，“尊重个性”仍旧是富国基金十六字方针的重要组成部分。

回首往昔，金牛奖与中国公募基金行业风雨兼程，也见证了富国基金的稳健发展。无论是公司级的大奖，还是各个业务条线的单项奖，富国基金所获颇丰。截至 2021 年年底，富国基金总共获得 9 次含金量最高的“金牛基金公司奖”，主动权益、固收、量化“三驾马车”旗下产品累计 56 次获得金牛基金奖项。此外，还有 3 位富国基金经理在金牛奖 10 周年、15 周年之际获得金牛奖个人荣誉奖项。

荣誉，始终是以创造价值为依据的。近年来，金牛奖的评选更加科学、严谨，评选标准也发生了新的变化。评选规则、奖项设置不断优化，对公募基金行业践行长期投资、价值投资起到了非常好的推动作用。同时，金牛奖对长期业绩的关注，直击基金业的考核机制。长期考核机制可以让基金经理更好地执行投资策略，为持有人创造价值。基于此，富国基金对基金经理的考核，从 2 年延展至 3 至 5 年。

如果把基金管理人比作是一辆行驶在康庄大道上的汽车，看清前路、抵御风沙的挡风玻璃固然重要，但能让我们时刻看清环境、实现安全驾驶的后视镜同样有着关键作用。中国证券报的金牛奖，正像是促进行业稳步向前的后视镜，让长期主义、责任投资映入每一位基金管理人的眼帘。事实上，投资本身就是一场持久战，开局的中短期业绩和实力、运气都有关联；把战线拉长，中长期收益更考验整体实力，而后视镜的存在，让我们能够回溯过往，不忘初心。

中国证券报专业记载中国资本市场 30 年，金牛奖也陪伴了公募基金行业走过了 19 年，它持续引导行业坚持长期投资、价值投资理念，记录并见证了基金行业稳步向前的每一步，以强烈的使命感推动着基金行业朝着更加健康、更加规范的方向发展。我们相信，金牛奖将持续为公募行业的长期发展赋能。展望未来，富国基金将继续提升核心投研实力，为基金经理提供强大的平台力量，为投资者提供多样化的产品和专业化的服务，为行业输送更多长期业绩优秀的产品。

中欧基金与中国证券报的故事

——以长线思维为投资者打造长期业绩

中欧基金董事长　窦玉明

与中国证券报结缘

20世纪90年代初，中国商品经济大潮风起云涌，资本市场蓄势待发。在这样的大背景下，由新华社创办的中国证券报应运而生，也被时代赋予了非凡使命。

我跟中证报结缘于1995年左右，距今已经27年。当时我在深圳君安证券公司担任投资经理，在那个互联网还未普及的年代，中证报承担着权威发布上市公司信息披露公告以及资本市场重大新闻报道的重要职责，也是当时投资圈最重要的证券类信息获取渠道之一。

2013年我正式加入中欧基金，也与中证报再续前缘。同样是那一年，中证报将沉甸甸的“金牛进取奖”授予了刚刚起步转型的中欧基金。“金牛进取奖”是为每年业绩表现优异的潜力型基金公司颁发的特殊嘉奖，这对于当时已经萌动改革决心、积极转型的中欧基金来说，无疑是最大的鼓励。

以此为原点，中欧基金更是连续7个年度摘得“金牛基金管理公司”的荣誉（2014 年度至 2020 年度）。在过去 9 年间，中欧基金共计获得金牛奖 30 次，其中包括 9 次公司奖项，21 次产品奖项。可以说，中证报和金牛奖一路见证了中欧基金的快速成长，我们由衷感谢中证报对中欧基金的肯定和激励，更是以此为动力和鞭策，力争公司每年都能有新的进步。

中证报以行动践行“长线思维”

回顾过去 30 年，中证报肩负高度的政治责任感和历史使命感，弘扬主旋律，为读者持续奉献权威、专业、客观的财经证券新闻资讯，帮助广大投资者把握宏观政策精神，掌握市场走势，在资本市场具有广泛的影响力和公信力。与此同时，中证报在引导公募基金行业以及基金投资者的长线思维方面亦做出重大贡献。

自中证报举办“中国基金业金牛奖”评选开始，为投资者甄选出一批又一批值得信赖的公募基金公司和公募基金产品，这些产品持续为持有人创造着良好的长期业绩回报。我印象特别深刻的是 2020 年，在第 17 届金牛奖评选时，金牛奖评委会丰富了评选指标，首次将产品类奖项设置拉长至 3 年、5 年及 7 年维度以突出长期业绩奖项，同时精简获奖数量并侧重于权益类基金。这一系列变化不仅完美奉行了《基金评价机构倡议书》的精神，在助推权益类基金发展的同时，以实际行动引导基金公司和基金持有人树立长期投资的理念。

除了金牛奖评选，中证报还经常对话公募基金行业的各位高管、基金经理，对于长期投资理念和有益实践做了充分的报道和支持。究其根本，在于中证报与公募基金行业都是以长线思维为导向，鼓励价值投资，努力为投资者打造长期业绩，努力为实体经济做出更多贡献，因此中证报与公募基金行业的合作能够在舆论场、在投资者心目中形成正向合力。

基金公司更要注重长期业绩

同样秉承“长线思维”，中欧基金这些年来一直致力于探索“如何做好长期业绩”这一命题。学习全球先进经验，并结合公司发展情况，我们总结出中欧基金的“4P+1C”，即 Philosophy（理念）、Process（流程）、Platform（平台支持）、People（人才），再加上 Culture（企业文化）。

第一，从理念（Philosophy）维度来说，中欧基金坚持“长线基本面投资理念”。我们关注上市公司的内在价值，通过成为优质上市公司的“长期股东”而获取回报。由这一理念衍生而来的投资策略不依赖于零和博弈，而是植根于中国甚至全球的优秀企业，从“做大蛋糕”中获利，也为“做大蛋糕”添砖加瓦。目前，中欧基金投研团队已在投资理念层面实现高度统一。

第二，流程（Process）是一套研究和投资的工作步骤，需要将其标准化。以研究流程为例，中欧基金采用“五要素模型”，包括公司治理、行业、运营、盈利质量及估值。公司近几年在积极推动高度专业化的研究和投资流程转型，以提高总体生产效率和投资胜率。

第三，平台系统建设（Platform）对于投资管理工作的重要性显著提升。近年来中欧基金持续加大对平台建设的投入，期望打造一个高效率的开放式投研平台。

第四，人才（People）是资产管理公司的核心竞争力。通过自主培养及人才引进方式，中欧基金正在不断完善人才梯队储备，同时持续优化激励机制，建立了一个专业分工、强调协作的纪律型投研团队。

而作为基金公司的终极驱动力，企业文化（Cul-ture）能帮助解决制度无法解决的问题。中欧基金的企业文化强调四点：“真实、卓越、协作和客户导向”。基于大家共同认可的企业文化，中欧基金将持续发挥人才和平台优势，坚持扎实深入的基本面研究，强化投研流程化及团队协作，通过打造高效开放的投研平台，不断提升投资能力，努力为持有人带来理想的长期投资回报。

祝贺中证报三十周年华诞

回顾是为了更好地出发。在此我谨代表中欧基金衷心祝贺中证报三十周年华诞，未来蓬勃发展，蒸蒸日上！站在新的起点，愿中证报继续发挥资本市场引导者的作用，一如既往地担当广大投资者“可信赖的投资顾问”，与中国资本市场相伴成长，见证更加辉煌的未来！

风华正茂三十而立，明朝自有鹏程万里！

春江水阔　相信更精彩的未来

——祝贺中国证券报创刊三十周年

嘉实基金总经理　经　雷

作为中国资本市场最权威的财经媒体之一，中国证券报在今年迎来30岁生日。我代表嘉实基金全体员工，祝福中国证券报30岁生日快乐!

以上交所、深交所建立为起点，到北交所；从单一的主板，到创业板、科创板等多层次市场；从审批制、核准制到注册制；这30年，是中国资本市场大发展的30年。以中国证券报为代表的财经媒体见证和记录了中国资本市场砥砺前行的发展进程。

其中，包括公募基金在内的中国资管行业大格局也越来越成熟，大家各司其职又充分协同。党的十八大以来，以习近平同志为核心的党中央高度重视资本市场改革发展。坚持以习近平新时代中国特色社会主义思想为指导，打造规范、透明、开放、有活力、有韧性的资本市场总目标，坚持市场化、法治化、国际化的总方向，政府、监管、参与机构，还有财经媒体等正在一起努力推进公募基金行业高质量发展。

如果把中国证券报看作一个人，于我而言，他是一位老友更是诤友，顺境时给予舆论监督和鞭策，逆境时给予公正评价与鼓励，与这位老友一起的经历让我印象深刻。

2018 年是公募基金行业成立 20 周年。从坚守普惠初心、助力大众理财，到百舸争流、领舞资管大时代，国内诸多专业媒体通过系列报道与策划对公募行业大发展进行了深度探讨。但令我印象更深刻的是，相比复盘过往与成就，站在二十年这一重要节点，中国证券报把注意力更多地聚焦在了另一面，那就是未来。“养老”是其当时深度关注的议题之一。中证报聚焦公募如何在个人养老上发挥投资专业优势、如何更全面助力建设养老三大支柱体系。

那年 8 月，包括嘉实基金在内的 14 家基金公司的 14 只养老目标基金获批。随后，中国证券报针对养老目标基金策划了一系列深度采访和报道，从居民养老的需求出发，再到公募的投资逻辑，深度探讨公募如何在养老三大支柱中发力。中证报一直保持着对公募与居民养老这一议题的持续关注。“关注未来，向前看”，这是我们与中证报之间心照不宣的默契。

2020 年，中国证券报再次组织面向基金公司的采访，深度聚焦公募基金如何通过发挥投资的专业性做好养老金业务，如何做好投资者的全周期陪伴。我们再次与中国证券报记者朋友进行深入交流。作为国内较早深度参与并助力养老三大支柱体系建设的公募基金公司之一，嘉实较早就将养老金业务定位为公司的战略业务。这一年中证报见证了我们对养老金业务体系的全新升级。

2022 年，国务院办公厅印发《关于推动个人养老金发展的意见》，对于满足人民群众多样化养老保险需要具有重要意义。而首批养老目标基金成立满 3 年，中国证券报再次联合包括嘉实在内的几家养老投资领先公司，从个人养老金体系的搭建，到养老目标基金投资的框架体系，组织了多轮系列采访。这个系列报道以深度文字以及直播、短视频等新的传播方式立体化呈现，彰显了媒体人在保持新闻专业性与优良采编传统的同时，积极与新的技术、新的新闻阅读需求保持一致。面对大众对个人养老投资的急迫性，中证报记者朋友高度重视这个选题，让我感受到老百姓的事是好媒体心中的头等大事。这次采访，嘉实先后安排了包括养老投资端、产品端和客户运营端的多位同事参与分享观点、开展养老金投资的知识普及。

创刊30年的中证报令人尊敬。中证报以新闻报道持续创造影响力并让读者持续受益，是媒体的长期主义。我们所努力的是以基金业绩回报让客户持续收获，是公募基金所坚持的长期主义。

今年，嘉实基金的品牌主题是“致力于积极的长期主义”。长期主义中有一个普遍共识，就是一定要面向未来，抓住长期的、正确的慢变量。长期主义之于投资还有一个关键要义，那就是对“快变量”保持敏锐，对当下正在发生的变化保持持续敏感。这或许也是专业媒体、媒体人的禀赋。

我喜欢看媒体的新年贺词，记得中国证券报2022年新年贺词有一句话让人记忆犹新，“春江浩荡，势出峰峦。”我们始终相信，虽然市场因短期扰动而出现波动，但中国经济长期向好方向不变，中国市场的长期魅力不减。

投资回报来自深度研究，但我们最终都将因信念与信仰而收获。祝福中国证券报春江水阔，未来更好！

我和金牛的源与缘

——写在中国证券报成立30周年

工银瑞信基金副总经理、工银瑞信（国际）董事长　杜海涛

祝贺中国证券报成立30周年！金牛奖已举办十九届，中国基金行业也走过了24个春秋。何其幸事，能够亲历中国资本市场高速发展期。应约讲述与金牛的故事，我既开心又惶恐。伴随一串时间的数字，彰显中国资本市场乃至中国经济发展的五彩画卷浮现眼前。我试图从脑海中抽取出那最为耀眼的片刻，却发现难以言表。

循迹起源

循迹我和中国证券报的交集，缘起于2000年初。那时，我在证券公司工作，内部辗转了几个不同岗位之后，终于定位了自己可以为之奋斗的职业——资本市场研究与投资（初期是债券与金融工程研究）。证券公司需要向客户提供研究服务，彼时中国证券报等权威证券媒体是研究成果的重要发布载体。很荣幸，当时自己的研究文章能刊发在中国证券报债券版面，有机会跟当时的编辑老师交流学习，通过很多“命题作文”去突破自己的能力边界。

有时候从约稿到交稿也就两个小时，那时候债券收益率的计算、期权定价模型等都需要手工用 Excel 维护……这一过程，令我在研究方面的视野拓展、逻辑训练、组织表达等基本功方面获益匪浅。可以说，中国证券报帮助早期的我打开了一扇门，透过这扇门，我逐步看清了资本市场的机遇所在，谋定了前行目标。有时候我会与三两好友感叹，一个人能够从事自己喜爱的工作真是人生一大幸事，喜爱一份工作并且能够有机会一直坚持下来，需要努力也需要机缘。

金牛续缘

2002 年转战基金后，我很少有机会在中证报发表自己的研究观点了。2006 年 4 月，我加入工银瑞信。2007 年，我管理的“工银货币”荣获了次年的中国证券报金牛奖。这是第一次获得金牛奖，有点被“青春撞了一下腰”的感觉；当时公司有点奖励，少不了部门同事 happy 小酌一番。回想当时的感觉，有点不相信自己有能力拿金牛，感觉还是运气成分多些，因为没有感觉到在波澜壮阔的市场中自己有什么“成绩”。但有一个念头闪现：既然得了奖，就一定要继续努力去证明自己。

当时在公司的月度、年度策略会上，自己和团队都要撰写策略报告。事后看来都应该被撕毁无数轮的报告，但正是通过那些报告的过程尝试着梳理货币市场与资本市场运行的逻辑，提升自己对于宏观经济、政策以及市场运行的认知理解能力。后来，我管理的一级债基与二级债基等也都得过金牛奖，应该就是在“还要拿奖”的驱使下，自己不断学习成长的过程吧。

目前，我仍在管理混合产品，同时也管理着一只股票基金，能够使自己每天处于学习当中。实际上，这种学习的原动力更多的是从市场上获得的“挫折感”。向自己的问题和错误学习才是最高效提升自己的方法，当然“捷径”是向别人的错误学习，但还有那种需要自己多轮挫折之后才能走上“换位思考”的捷径。再上一层的境界就是少犯错误、控制犯错误的成本直至不犯错误，所以投资这条路就是修炼人性之路。

基金经理的责任

基金经理有时候把管理的基金就当自己孩子看。从简单的头寸管理，到策略判定以及过程中的组合平衡调整，再到季报年报撰写等，犹如对待孩子的日常吃喝拉撒睡、人生规划与学校选择、逢年过节或者换季时候添新衣。相信每一个基金经理都会和自己管理的基金有很多故事，无论过去多么久远也都会比较清晰地记得那份感情。工银货币、工银强债、工银添颐等，我都记得其成立日子，那就是他们的生日。

盘点每一座金牛奖杯，“金牛”不是属于基金经理个人的奖，而是背后依托的团队和公司平台的能力展现，以及每一位从未谋面的投资人的信任。作为基金经理，站在资本市场舞台上拥有“聚光灯”，似乎很容易证明自己。然而灯光下，我们这个群体，时刻需要思考的是：“我”的能力还是“我们”的能力？资本市场不断发展，从高速发展到高质量变革的过程中，投资管理所面临的挑战也越来越大，投资经理需要来自宏观、策略、行业等方面的研究支持，更需要平台所能提供的法律合规、风控、交易等各方面的全面保障，任何单一个体都难以完全驾驭投资这项艰巨的工作。不得不承认，基金经理有其专业能力与意志品质方面独特的能力，但是这些闪光点持久绽放，离不开一个团队和平台的合力支撑！

团队的使命

工银瑞信矢志打造一个专业、包容、共享投研平台。近年来，随着不断学习沉淀，我在职业发展方面也被赋予了一部分管理工作。从投研团队管理角度，公司一直基于信托义务，以实现客户回报目标为引领，聚焦团队投研诉求为出发点，以投资与管理中遇到的问题为抓手，依托平台资源与团队智慧寻求解决方案，从而打造了一支以“专业为本、学习协同、开放高效”的投研团队。

考核目标引领，坚持“稳健为基”，不断强化“投资为民”理念和受托责任。工银瑞信实行以长期业绩为主，短期业绩为辅的考核机制；引导投研团队长期力争创造超越客户预期的回报，同时注重培育投资经理与团队的风控文化与主动防控意识。

强化“职业管理”在投研专业领域的重要性，坚持协同与效率，做好投研全过程管理。工银瑞信实行投委会领导下的基金（投资）经理负责制，如何科学、严谨地做好决策，既保证投资纪律性的执行，又高度重视动态调整的专业性与及时性；既强化团队平台的支撑作用，又要给优秀的基金经理与研究员创造施展能力的空间。事实上，这些日常琐碎的基础管理工作恰恰是容易被专业投研团队所忽视的，所谓专业团队的职业管理的重要性也在于此。

不断夯实价值投资与责任投资的理念，通过实践淬炼我们的投资体系与方法论。一个团队的战斗力在于传承与进化。通过打造学习型、开放式的组织平台，不断提升我们的专业能力，公司内部权益、固收、国际以及养老金等资产团队相互借鉴协同，不断推动团队进化。每一次投研策略会议，各团队研究成果集中分享展示的同时，也是我们不断反思总结，把经过市场检验过的、有效的投资体系与管理模式强化并固化的过程。

目前工银瑞信投研人员约 180 人，投资团队平均从业经验超过 13 年，大部分投研人员以自主培养为主，不少基金经理都是从研究员成长为投研骨干。近几年，各个赛道上明星基金经理辈出，老中新三代战将协同作战。

努力终有回报

工银瑞信连续 15 年累计捧获 37 项金牛奖。每一次获奖，大家都很高兴，高兴的是能够得到一次次认可，在最市场化的投资领域看到我们的成长，为每一位持有人实现资产绝对或者相对价值的增长，这种喜悦感更是不可言状。金牛奖，是对于我们个体、团队以及公司全体员工成绩的证明，也是专业人士通过价值投资回馈投资人信任的丰碑。客户的幸福，就是我们最大的动力！

理念、队伍、体系、组织管理、文化氛围，循序渐进的我们实践了 17

年，于我个体也实践了 20 多年。我的理解是，慢不得，也急不得，只要方向是正确的，而且不停歇，我们就一定会有收获。这也应了我自己性格的一个方面：喜欢爬山。深圳的大南山、北京的香山都是我时常“借道”的地方，但是我从不关注距离山顶还有多长的路，保持方向路线正确，坚持一个速度爬山不停歇……努力总会有回报，但不一定是明天！这是我非常喜欢的一句“鸡汤”，非常贴切地刻画了我们的工作。

30 年中国证券报栉风沐雨，成长为中国资本市场的专业媒体，更是助力中国金融与经济改革发展的权威媒体。金牛奖以其科学的评价机制与规则，激发越来越多的专业机构与投资者去努力耕耘，实则是帮助投资人修缮通往专业投资殿堂的栈道。

最后，祝中国证券报 30 岁生日快乐！我们专业投资者们愿继续携手中证报，努力在中国经济这个大舞台上履行好服务实体经济、普惠老百姓的责任，八面四方合力助力实现老百姓对于美好生活的向往！

从“单打独斗”到“平台力量”

银华基金业务副总经理、投资管理一部投资总监、
七度金牛基金经理　李晓星

作为非金融专业毕业半路出家的中生代基金经理，我的职业经历相对来说丰富一些。硕士毕业后，我首先是在一家500强企业研发中心做研发工程师，从事一些理论方面的研究；然后，作为运营顾问负责一些运营优化和新产品引进等项目；再后来加入亚太地区内部审计部作为高级审计师，从事集团下属合资公司的运营与财务审计。由于个人对证券市场的浓厚兴趣，也非常感谢金牛基金公司银华基金给予了我从事行业研究的机会，年近30的我作出了一个大胆决定，进入一个自己完全不熟悉的领域，重新开始。

入行后，中国证券报是我最早接触的几大证券媒体之一，并通过中证报逐步了解了证券市场，对中证报的“金牛奖”常有一种仰望和憧憬的感觉。十多年前，数字媒体并不发达，获取信息主要通过纸媒，阅读一摞一摞的证券类报纸是案头工作的重要组成部分。记得当时我每天都会很早来到公司，像强迫症一样读完中证报以及其他一些重要报纸，记录报纸中对重大事件的点评以及知名基金经理的访谈观点，之后不断拿出来回顾验证，积累其中的精华观点与逻辑，不断加深自己对于证券行业的理解。

加入银华基金后，我负责电力设备与新能源等行业的研究。银华基金的

传统是对于研究员的成长非常呵护，鼓励研究员深入研究行业和公司的基本面，大胆给出投资建议，基金经理最终承担投资决策的责任。我的工作热情很高，态度诚恳勤勉，可能因为我来自电力设备产业，对行业和公司的基本面比较清楚，很快就获得银华的基金经理的认可，推荐的股票和行业受到公司的高度关注。但初生牛犊很快就迎来挫折，由于过度专注于行业发展方向以及推荐标的本身质地，低估了股票估值以及交易拥挤度带来的负面影响，推荐的行业 2011 年 –2012 年连续两年跌幅居前，对银华的基金业绩也带来了一些负面影响。那个时候，同行都戏称我为“星神”，主要指的是我在一个这么差的行业里给银华推荐了这么多亏钱的股票。“股市短期是投票机，长期还是称重机。”好在当时推荐的股票质地不错，可以和时间做朋友，后来用优秀的业绩打消了市场的疑虑，2013 年 –2014 年涨幅居前，我也从让银华亏钱最多的研究员变成给公司赚钱最多的研究员。

感谢公司领导立新总和投资部领导王华总的信任与提拔，2014 年年底我加入了投资部，2015 年年中与金牛基金经理王华总一起管理银华中小盘。2015 年，创业板出现大牛市，也是中小盘股票的牛市，在研究员期间看过科技行业也看过中小盘股票的我如鱼得水，从事投资的第一年就取得不错成绩，增强了我的信心。真正的挑战来自 2016 年，市场剧烈波动使得我更加理解好公司与好价格的重要性。如果买的公司不够好，可能因为基本面持续下修越跌越贵；如果买入价格高，因为估值高以及交易拥挤问题，阶段性可能会有大幅回调。

作为来自新兴成长领域的基金经理，2016 年我明显感到未来科技成长股的机会没有消费成长股的机会大。当时，我有两个选择：一是学习了解消费行业，但可能会交几年“学费”，对于持有人的收益不会友好；另一个是找消费领域专家合作，通过这种方式扩充基金管理的能力，但成本比较高。本着从持有人利益最大化的角度出发，我当时选择了第二条路径。非常感谢合作伙伴消费专家张萍，选择了当时银华最小的一个投资团队。在张萍的帮助下，我们团队管理的基金在 2017 年 –2019 年消费股大牛市中取得了不错业绩。随着团队管理规模的不断扩大，我们不断充实行业专家队伍，在新能源、TMT、制造业、消费、医药等行业配置了经验丰富的专家，这是我们对主动投资工业化的一个探索。由于我们行业专家配置比较齐全，在 2020 年 –2021 年的均衡成长市场中也取得了不错业绩。

由于交易损耗问题，规模是流动性不佳的中小盘股票天生的“敌人”，最开始的中小盘股票投资已经无法给我们的所有组合带来足够的超额收益，这也是 2018 年得到的最大教训。尽管银华中小盘是我们管理时间最长且获奖次数最多的基金，七年七获金牛奖，且两次获得分量极重的“七年期混合型金牛基金”奖，从营销上来说更为容易。但为了保护收益率，我们对以中小盘股票投资为主的银华中小盘实施了大额限购，规模逐步缩小，中小盘的投资风格只保留在这个产品中。对于其他基金，投资风格更加反映我们专家团队特点的大盘均衡风格，就是以合理的价格买入各行业优质公司，通过这些公司的业绩持续增长赚取收益，代表大盘均衡风格的银华心怡、银华心诚、银华心佳和银华心享逐步成为我们管理的代表基金。

从入门时仰望金牛奖，到现在七年拿了七次，金牛奖是我职业生涯道路上的“指南针”。其以长期收益为准绳的评价指标，淬炼出市场真正的好基金，也给基金经理指明奋斗目标和投资方向。记得第一次拿金牛奖是在 2016 年，很激动也很欣慰。从王华总手中接过银华中小盘，内心很有压力，幸而不辱使命。金牛奖是对基金经理工作的肯定，金牛奖除了权威，更重要的是让基金经理感受到对持有人的一种责任，激励我们不断更新迭代自己的投资理念和方法，力争为投资者创造更多财富。

对于相对收益和绝对收益的探讨，在我看来，长期看其实两者是统一的。“长期稳定的超额收益就是绝对收益”，如果每年都能跑出一定幅度的超额收益，长期累计下来就会有不错的绝对收益。想明白了这个问题，以合理的价位买入优质公司，维持相对恒定的高仓位，减少交易损耗，专注超额收益，成为了我一直坚持的投资理念。

2020 年，我管理的银华中小盘精选获得“七年期混合型金牛基金”奖。这是历史上第一次评选出的七年期金牛基金奖，其分量不言而喻。当时我写了一篇感悟，发表在中证报上，记录了我的心路历程：投资是一场寻找圣杯的旅程，各种类型的投资者就像是从地图上各个方向出发的蚂蚁，一起怀揣着梦想出发去寻找那传说中的圣杯。最终我们会越来越接近那座圣杯，但永远无法碰到，甚至看到她面容的机会都没有。在这个过程中，我们会遇到严厉的老师、暖心的伙伴、恶劣的环境和强大的对手。成长的每一步，都会在我们的身上留下一道道伤疤，体现在净值曲线上。难看的回撤，我们永远无法洗去，但成为我们最好的铠甲，明天替我们抵御更多伤害。

“在龟兔赛跑中，做那只乌龟，把别人的标准当作目标，好像是一生都奔着别人而去，但其实是按照自己的节奏慢慢走到终点。不求完美，但求完整，完成远比完美更重要。做一个完整的普通人也是很好的一生。”2015 年 –2021 年是明星基金经理的黄金时代，很多优秀基金管理人实现了规模指数级别的增长，但同时也带来一些问题。明星基金经理的产品往往在净值低点的时候规模很小，净值阶段性高点的时候规模很大，导致基金净值赚钱，基民不挣钱的问题一直存在。基金经理也是普通人，在市场波动的时候，内心也会害怕，也会怀疑，也会彷徨，平时勤勉积累的调研与研究成果是为了在关键时刻组合不会漏水。但过度依赖个人独立的投资与研究，想持续战胜市场，并不是一个长期胜率很高的事情。银华基金立新总倡导的市场投资一体化，要求我们投资一部顺应市场需求，打造多个风格特点鲜明的优秀基金经理团队，将合适的产品卖给合适的客户；同时推动投研工业化进程，在整个公司投研平台的帮助下，深入挖掘基于基本面的投资机会，坚持长期投资、价值投资的投资理念，努力持续提升投资业绩，提高客户满意度。我们的愿望很朴素，希望管理的组合业绩不断创新高，我们的持有人可以微笑地打开自己的账户！

三十年以梦为马　筑梦金牛

——贺中国证券报创刊三十周年

源乐晟资产董事长、投决会主席　曾晓洁

2010年5月22日，我参加了首届中国阳光私募金牛奖颁奖典礼。金牛奖在初创之际就有业界“奥斯卡”的美誉。当时，作为刚刚创业两年的新人，我知道这是一份沉甸甸的荣誉，但其背后的意义，以及由此而来的诸多因缘际会远远超出了当时的想象。至今我仍然记得，在金牛奖现场看到了多位我很尊敬的行业前辈，彼时刚过而立之年的我能与他们同台领奖，心中充满了忐忑和兴奋交织的复杂情绪。

与诞生之初即自带光环的金牛奖形成鲜明对比，源乐晟作为一家从2008年下半年才开始有产品业绩的私募机构，凭借2008年和2009年相对不错的业绩表现，在市场上刚刚崭露头角；而我个人在源乐晟创立之前供职于保险资管，全无公开投资业绩，所以当时是在没有任何光环加持之下，获得了如此重要的认可。这是对源乐晟创业以来综合表现的极大肯定，也从侧面说明金牛奖秉持客观公正的评选标准，旨在建立完善国内阳光私募的科学评价体系和交流平台，扩大阳光私募行业的社会影响力和认知度。

2010年的私募行业还处于发展的早期阶段，在我们创业的最初几年，很多投资人对私募行业完全没有概念，不少路演都要以介绍私募行业开始。依托于中证报背景的金牛奖，帮助私募行业逐步从神秘的角落走向舞台灯光下，让那些有着为客户提供资产配置服务需求的资管机构和投资人开始认识私募行业及其中的优秀机构。我们确实见到，早些年很多机构就是拿着金牛奖的获奖名单，开启早期的代销尽调、遴选的。

这背后的重要一环是中证报的信用背书，整合了资管行业内的多方需求。优秀的资管机构可以通过这个平台为市场所认知，从第一届金牛奖开始，不断有之前并不为人所知的新兴私募机构被市场关注到，并随着行业发展逐步成长起来，源乐晟也在其中受益良多。在公开信息不多的情况下，有产品引入需求的代销机构可以据此更加有的放矢地去寻找符合自己需求的私募公司；广大客户则有了新的选项，丰富自己的资产配置组合。在金牛奖的穿针引线之间，各方需求得以整合。随着财富管理行业的复利效应不断放大正反馈，私募行业在短短十几年间迎来了大踏步式的前进，私募行业的大发展也推进了资管行业的整体跨越。

金牛奖每年都举办，每一次金牛奖的前期尽调和颁奖活动，对我来说，都是一次了解行业发展动态、向同业学习的重要机会。

私募机构也要走建制化的道路。很多私募机构在成立之初高度依赖基金经理的个人能力。金牛奖自设立之初，就分设了基金经理奖和公司奖，这是不同维度的评选标准，公司奖更加注重对于私募公司管理能力的综合考察。这提示我们，除了要有长期优秀的投资业绩，私募机构也需要在管理方面尽可能有完备的建制，在控制好风险的前提下，保持投资研究的持续输出。所以即便在早期创业阶段，源乐晟的管理规模还很小，私募行业属于资管行业内的“非主流”，吸引成熟的研究员很困难，我们也想方设法、另辟蹊径，招聘了一批在其他领域工作过，比如在企业、咨询公司或“四大”（会计师事务所）干过，想转到金融行业的优秀人才，覆盖医药、电子、化工、消费等主要行业，从零起步培养自己的投研团队，而这一套我们独立探索出来的投研培养体系，让源乐晟受益至今。

无可替代的交流平台。每一年的金牛论坛，对于我们私募行业的从业人员来说，是重要的交流机会，可以让平时很难碰面的同行们集中在一起，开展面对面的互动交流。在第一届论坛上，我们讨论的主要还是关于市场的问题，现在我们可以共同探讨行业未来的发展方向，以及经济周期的新脉动等更加丰富多彩的问题。来自不同策略、不同方法论的思想碰撞、观点交锋，可以激发大家对于过去的反思、对未来的思索。很多初始尝试或改变，可能就由来自这里的某一簇火花点燃。

在 2021 年的论坛上，我做了关于双碳周期的主题演讲，结束后就接收到了一些同业伙伴的反馈。之后大家就共同感兴趣的话题可以进行更广泛、更具体、更深入的探讨，抛砖引玉，帮助我们的研究开拓了新的视角。

不仅是荣誉，也是反思与成长的契机。在我个人的经历中，印象最深刻的金牛奖有两次，除了首届获得第一座金牛奖，还有 2019 年的十年期获奖经历。不仅因为 2019 年度颁发的十年期大奖本身的特殊意义，而且那个时候我们刚刚从 2018 年的又一次考验中走出。参加金牛奖的十年间，私募行业已经从资管行业中的一艘小船成长为不能忽视的巨舰，但也要面对残酷的优胜劣汰。有的同业稳健运营成为行业典范，有来自公募等机构的新生力量不断加入，也有同业已经鲜有音讯。历经十年甚至更长时间之后还能站在这个特殊的领奖台上，真是感慨万千，一方面感谢我们十几年努力和坚持能够受到这样特别的鼓励，另一方面也提醒我们，投资是一项长期事业，要不忘初心，朝乾夕惕。

站在这个时点，回首源乐晟走过的路，绝非一帆风顺，每一轮市场的调整、业绩的波动都要经历一次考验，原因可能不尽相同，但每一次修复的过程都是一样的痛苦。我们要感谢过去的每一次考验，顺境中往往会掩盖很多不利于机构长期发展或进步的问题，逆境才是发现问题、修复、进化再重启的时机。就在获得十年期荣誉的前一年——2018 年，我个人经历了私募从业十年来最大的一次回撤，对公司和我个人来说压力都很大。但我们没有执着于表面的业绩回撤，而是把精力更多放在深层次的内部提升方面。核心团队再次深刻反思了投资逻辑，优化其面对不同市场环境的适应性，升级了投研团队和研究员的招聘理念，更新了更适合我们投资风格的产品结构设计框架，完善了中后台管理系统等。这些着眼于未来的工作，让我们可以更有信心，不仅是渡过眼前的危机，也为以后的长期发展做好基础工作。所有过去的经历都在塑造我们、激励我们，只有不断进化，提升自己的抗风险能力，才能穿越周期。

中国的阳光私募从诞生至今不过十余年，但伴随证券市场、资管行业的蓬勃发展，私募行业取得了丰硕的发展成果。中证报在私募行业的发展早期就高瞻远瞩，积极引领、助力行业发展和推广，有众多具备优秀投资能力的私募机构在这里被市场发现，新的投资策略在这里得到投资机构和投资人的瞩目，私募行业从业人员在这个平台上可以充分交流、教学相长。更为重要的是，私募行业在这个平台上从幕后走向台前，为广大公众所认知。在私募行业的发展历程中，中证报举办的金牛奖扮演了重要的角色，作为一名私募行业从业者，非常感谢中证报、金牛奖组委会对私募行业发展作出的诸多贡献。

祝中证报三十周年生日快乐，继往开来，再续新章！

我与金牛奖

民生加银基金副总经理　于善辉

成人礼转眼过去，中国基金业金牛奖迎来 19 岁。

无数次感叹，我们在坚持做一件对的事情。正是一代代人的坚持，保护了金牛奖的纯粹、客观与公正。

在我心中，金牛奖就是一把尺子，细微地刻画行业变迁、公正地度量投资人，引领整个行业走向更为健康、成熟的发展阶段。

金牛奖之初

金牛奖酝酿成立时，中国基金行业尚处蓬勃发展的早期阶段。中国公募基金行业诞生之初只有封闭式基金，2001 年第一只开放式基金诞生，丰富了基金产品的种类数量，其每日申赎机制也意味着基金投资者可以随时赎回表现不佳的基金，因此基金业绩就成为重要的考量因素。彼时，短期排名风气比较严重，排名周期甚至缩短至月度、周度，难以准确描绘一只基金的真正价值，需要公正、合理的工具来衡量基金的综合业绩表现。

这时，如何公正客观评价一只基金，成了行业亟待解决的问题。我们当时觉得，要引导投资理念长期化、促进行业健康发展，就必须建立一把合理的尺子以正视听。2004 年，第一届中国基金业金牛奖便在这样的历史背景下诞生。

当时我在天相投资顾问有限公司负责金融工程和基金评价，和中国证券报主要负责这块业务的领导想法一拍即合。评奖要做的第一件事，就是根据公募基金的特性，建立合适的分类标准和指标体系，明确相对应的计算公式。我们希望这个奖项能展现更多维度的信息，不仅仅是业绩，还能揭露风险以及业绩背后基金经理的选股能力。比如，选股能力和择时能力等。这就提出了三个要求，首先，分类要合理，一个奖项不可能把苹果和梨作比较；其次，要兼顾收益与风险，若波动较大，基金未来的不确定性就会很强，要对业绩风险进行惩罚；第三，要兼顾基金的投资特性及个体属性，需要考虑基金建仓期、适度规模等因素。

为了保证奖项与时俱进，除了正式评奖时的开会讨论，评委们每年还有 1–2 次例行会议，对评奖规则和体系进行讨论，根据行业内的新变化，修订原有的指标和分类方式。每一次讨论，大家都非常严肃和认真，深感责任重大。由此可见大家对金牛奖的敬畏与珍惜。

此外，金牛奖非常重视业内反馈。每年，金牛奖都会对行业基金经理和公司管理人进行回访，吸纳合理建议，修订完善规则。和行业的良性互动，使得这个奖项更加包容、开放和公正。

金牛奖变迁

金牛奖始终紧跟时代步伐。行业每一个重大发展变化，都微缩在金牛奖指标体系的演变里。

2003 年，第一届金牛奖的基金评选分类里，只有开放式和封闭式两种；2005 年，金牛奖首次评选了开放式债券型基金奖项和开放式货币市场基金奖项；2006 年，又纳入开放式指数型基金。2010 年，基于基金行业多年的历史数据积累，金牛奖首次出现了三年期、五年期奖项。发展至今，金牛奖对基金公司和基金的评价维度愈发多元，包括固收、被动投资、海外投资、量化投资等，基金奖项时间跨度也更加长期，映照出基金行业蓬勃发展的气象。

对于金牛奖的评选，我们始终坚持宁缺毋滥。2008年极致的市场环境下，公募基金净值普遍回撤较大。那时，我们抱有一些“书呆子”的想法，评委们内部甚至出现一些争论：虽说公募基金追求相对收益，但从基民利益考虑，究竟是比市场跌得少重要，还是给持有人赚到钱更重要？最终大家达成共识，金牛奖品牌不能出现瑕疵。因此，2008年，我们空缺了五个奖项。

成立至今，“制约”始终是金牛奖的关键词。金牛奖将平衡的艺术发挥到极致。在设计之初，我们就约定金牛奖一定要是干干净净、阳春白雪的奖。为了避免被商业化侵蚀，金牛奖评委一直是“N+1”制衡模式。从早期的“3+1”，即三家专业的基金评价机构和中国证券报共同评奖，到现在的“5+1”。每一次评奖，都是各家算出结果后一一比对，避免其中某一家统计数据有偏差。而这些公司除了具备基本的业务资格，还配备了超强的研究团队，从而有效规避了视角不全面的漏洞，使得奖项更加真实反映业绩表现，让优秀的基金经理和管理公司呈现在公众面前，经受时间的检验。

正因为这种有效制衡机制，金牛奖才能成为“基金界的奥斯卡”。评奖结果出炉，不仅基金经理认可、基金管理人认可，行业里的其他力量，如银行、券商等也觉得非常专业。

新视角看金牛奖

2008年，我从天相投顾副总经理的位置退出，加入民生加银基金，从事买方投研相关工作。从那时起，我不得不与金牛奖分离。说实话，没有了“名分”，我有一些惆怅。但好在中国证券报及各评委为我保留了特邀观察员的身份，我仍然可以近距离接触金牛奖。

从金牛奖评委，到角逐金牛奖的基金经理，新的身份赋予了我另一个观察金牛奖的视角——从行业亲身参与者的身份，对金牛奖提出建议。身处基金公司，我了解身边人员做的事情，看到的数据颗粒度更精细，更加理解特殊现象发生的原因。参与指标设计讨论时，我对风险、稳定性等方面的考虑也更加周全，会对其中过于“理想化”的地方提出修正建议，供评委们讨论参考。

到今年，金牛奖走过了十九个年头。对这个行业的所有参与者而言，每一届金牛奖都是一场重大的盛典、神圣的仪式。看到我们一直在坚持正确的方向，做正确的事，我感到由衷的欣慰。

金牛奖被许多人称为“基金界奥斯卡”。这份声誉是对金牛奖的肯定，但所伴随的责任也很重。基金行业需要这样一把公开、公平、公正的尺子，客观评价行业参与者、刻画行业变迁。但同时，金牛奖也承担着对基民、金融从业者、渠道输出正确价值观的重要使命。

金牛奖十九年，我很高兴能够看到金牛奖在保持公正、客观和公信力的同时，对行业产生了越来越大的影响。在我心中，金牛奖是一面审视行业的镜子，帮助行业激浊扬清、正本清源，其与时俱进的创新指标，引领行业不断前进，促进资本市场健康发展。今年是中国证券报创刊三十周年，金牛奖已满十九岁，此后还会有无数个璀璨的十九年，我们一起见证基业长青。

我与金牛奖的 14 年

海通证券研究所副所长　高道德

2004 年，首届“中国基金金牛奖”拉开帷幕，2010 年，我们又迎来了首届“中国阳光私募金牛奖”，弹指间，10 多年的光阴已逝，中国证券报创立并主办的公募金牛奖已经颁奖至第十九届，私募金牛奖也已颁奖至第十三届。作为从 2008 年就开始参与公募和私募基金金牛奖评选工作的老评委，本人有幸在这 10 多年的时间中见证了中国资本市场的壮大、金牛奖的发展和主办方中证报为此所做的不懈努力。

实际上，从担任金牛奖评委的那一刻起，一种神圣的责任感就一直萦绕在我的心头，那份初心和期许是这些年来一直未曾改变的：1. 希望打造一个具备市场公信力和影响力的奖项；2. 希望为广大投资人挖掘出优秀的基金管理人，从而实现基金投资与基金管理之间的正向循环；3. 希望与时俱进，在秉承公开、公平、公正原则和尊重基金行业发展规律的基础上不断完善评选的方法和流程。

金牛奖的发展与中国资本市场的发展是息息相关的，在这 10 多年的时间里中国资本市场发生了巨大的变化，2008 年，公募基金的产品数量仅有 400 多只，整体管理规模不足 2 万亿，而 2021 年，产品数量已经高达 9000 多只，管理规模突破了 26 万亿，私募证券基金的起步相对较晚，但是 2021 年底其整体管理规模也已经达到了 6 万亿。资产管理行业的快速发展给广大投资者带来了更多的投资机会，但同时也增加了挑选基金管理人和基金产品的难度，市场上难免会出现一些鱼龙混杂的现象，而且一些不合理的评价导向也在不断混淆大家的视听，作为市场上最具权威的奖项，如何更好地起到引导作用，促进资本市场的健康发展，金牛奖所承载的是沉甸甸的社会责任。

因此，在这 10 多年的时间中，主办方中证报和协办方评委一直在不停思考如何更好地优化金牛奖的评选规则和评价流程，当然这背后也有很多不为人知的故事。2003 年中证报刚刚启动公募金牛奖时，只有三家评委单位协助，2008—2010 年陆续又有新的评委单位加入，2011 年开始形成了主办方中证报加协办方海通证券、银河证券、天相投顾、招商证券、上海证券的稳定阵容，主协办方都是首批获得基金评价业务资格的持牌机构。经过中证报与评委单位的多轮讨论修改，整个评价体系逐步趋于完善，形成了基金绩效评价、基金管理人能力评价、基金合规性评价等相结合的相对综合全面的评价体系。作为协办方评委之一，本人也从基金评价机构的角度提出了一系列调整建议，比如早期的公募金牛奖收益指标的计算是以绝对收益为主的，但是后续考虑到需要将业绩与契约约束相结合，因此我们提出了需引入超额收益的概念，抑或是近年来指数产品大力发展，如果仅用传统的评价方式来评价该类产品的话并不恰当，因此我们又提出了工具属性评价方法的概念，类似的建议不胜枚举，每年我们都会根据新的市场变化提出相应的建议。

另外，和公募金牛奖以定量评价为主不同，私募金牛奖的评奖过程中信息的获取和甄别一直是难点，因此定性评价就起到了很大的作用，而实地调研无疑是定性评价中非常重要的一环，为此金牛奖每年都要花费大量的人力物力在调研上，以确保能获得第一手的信息，对参评及获奖单位有较为准确的认识并进行交叉验证。每年春秋两季中证报及各评委单位会安排 10 多人的调研队伍在北京、上海、广深四地进行固定调研，此外我们还会针对备选名单的机构在评奖前后进行补充调研，粗略估计，近些年每年评选小组在调研的过程中需要接触近百位私募机构的人员。

此外，值得一提的是，公开、公平、公正一直是金牛奖所强调的核心原则，这并不是一句空洞的口号，而是一个要落到实处的目标，我们希望从机制上对评奖的过程进行规范和约束，如本人提出了落实到个人的评委负责制，即每个评委需要对自己提供的信息进行事先确认，确保真实有效，有理有据，此外，每位评委对于给出的建议需要保持独立性，如果涉及到关联方则需要回避等。

令人欣喜的是，在主办方中证报的带领和几代评委的精心呵护下，金牛奖一路都在成长蜕变，从摸着石头过河到现在，金牛奖已经形成了完善的评价体系并得到了市场的广泛认可，更是被誉为基金业“奥斯卡”奖，每年的金牛奖颁奖典礼也已经成为了业内共享的盛会。

金牛奖能够长期保有旺盛的生命力，离不开中证报历任领导自上而下的支持，他们在工作中始终带着维护金牛奖品牌的使命感和责任感，且给予了评委们足够的信任，让评委们畅所欲言，集思广益，并把一条条建议切实落地。

写到这里，我不禁想起了曾经或者是现在一起并肩奋斗的评委伙伴们，一年一度的评选工作让大家结下了深厚的友谊，我们会为了好的提议而兴奋不已，也会为了不同的意见而争得面红耳赤，现在想来这些都是美好的回忆，由于篇幅有限无法对所有的评委一一具名，此处特别怀念因病而离开我们的原招商证券研发中心研究总监杨晔先生，感谢他对金牛奖的付出。

回首过去，从 2003 年开始，有那么一群人始终不忘初心，一直坚持在做正确的事情，用心浇灌“金牛奖”这一品牌，并且一坚持就是十几年，从而获得了现在的公信力和市场影响力，实属不易。展望未来，下一个 10 年又是新的起点，中国资本市场会迎来新的机遇和挑战，金牛奖也会继续发挥其社会影响力，不断助力中国资本市场的发展。最后，作为金牛奖的老评委、老朋友，诚挚的祝福凝聚了几代评委心血的金牛奖越办越好，下一个 10 年一定更精彩！

我与金牛奖的故事

银河证券基金研究中心总经理、基金评价业务负责人　胡立峰

在中国证券报的主持下，银河证券和其他基金评价机构参与了有我国基金业“奥斯卡”奖之称的“中国基金业金牛奖”的评选工作。从2004年到2022年，金牛奖历经十九届，我从第三届开始一直参加评委工作。我是从1998年开始基金研究评价工作，担任金牛奖评委的工作历程，也是我从事基金研究评价执业工作的过程。

一、数字见证金牛奖的成长

从事评委工作这么多年，最大的感慨是行业发展太快了。20年来我国公募基金行业迅猛发展，金牛奖见证了公募时代的大发展，我作为评委也是与有荣焉幸甚至哉。2004年开始评选的时候，纳入评选的对象是2003年末的公募基金，资产规模还不如现在一只过千亿元的货币市场基金。到2005年我开始担任评委工作时，面对的是2004年末的公募基金，161只基金、3246亿元资产规模、37家基金公司，基金数量、基金种类、基金公司都多起来。到最近评奖年度面对的2021年末，9050只基金，25.57万亿元资产规模，149家基金公司（含管理人），行业发展再上新台阶。感谢金牛奖，让我有幸参与、

学习、见证公募基金行业的发展历程。和公募基金行业从小到大发展历程一样，早期金牛奖的评选工作虽然面对的基金、管理人的数量规模都不大，但是对金牛奖的体系、框架、原则还是进行了认真思考与探索，在各方共同努力下，打下了较好的基础。这么多年来，金牛奖能获得社会与行业的高度信任，与初期扎实的基础性工作是分不开的。

二、“务虚切磋”的规则讨论会

金牛奖把我国主要基金评价机构团结聚拢起来了。每年的规则讨论会，是我们评委极为期待的金牛奖大事，也是各位评委加强学习互相交流切磋的过程。在报社安排下，各位评委就公募基金行业发展进行一整天的“务虚”讨论会，主要讨论过去一年公募基金行业有什么重要事情值得关注，行业发展中出现了哪些新的变化，基金产品运作出现了哪些新现象。例如，货币市场基金规模迅速增长、债券基金机构化问题、基金转型前后的变化怎么界定、指数基金上 ETF 规模越来越大要不要单独评奖、行业型股票基金与全市场选股型股票基金怎么区分以及要不要分开评奖等，这些都是公募基金行业发展中不断遇到的新问题、新课题。每次还要邀请 1 至 2 家基金公司代表参与讨论，从基金公司角度提出对金牛奖改进优化的建议。对于基金公司和基金经理来说，金牛奖颁奖典礼是年度盛典，但对我们评委来说，每年度的规则讨论会与评选会才是“盛典”。我每年都是早早列入时间表排好工作计划，精心做好各项准备。各位评委都是基金评价领域的专业人士，多提问多交流认真做笔记，把其他评委的意见与观点记录下来。会议后和同事们一起继续讨论，看看在基金评价与基金评奖过程还有哪些不足和亟需改进的地方。

三、扎实的评选工作会

在每年度规则讨论会上确定年度评奖的原则、方向和要点后，就转入各位评委的底稿准备时间，距离评选工作会，一般中间有两个多月时间，方便评委思考酝酿准备扎实的评选工作底稿。基金信息披露内容主要有季报、半年报与年报。过去基金数量少的时候，评奖指标相对简单，金牛奖绝大多数规则文档主要基于季报的信息与数据，因此一般是次年春节后就召开评选会。按照多年惯例，公募金牛奖评选工作会为期一天，上午公司奖，下午产品奖。各位评委各自独立完成工作底稿后，在评选工作会上，就每一个奖项的获奖基金与管理人进行分析讨论。通过评委的讨论来提高评奖的质量，评委的工作底稿也作为执业材料提交组委会。

四、高质量发展意见与“自娱自乐”的拷问

2022 年 4 月 26 日，监管部门发布《关于加快推进公募基金行业高质量发展的意见》，其中对于基金评价机构和基金评奖工作提出要求，希望进一步发挥基金评价机构评价引领作用，引导投资者关注长期投资业绩、价值投资、理性投资，避免“盲目跟风追热点”，督促评奖机构着力提升奖项设置的专业性、科学性、权威性，避免行业“自娱自乐”。应该来说，监管部门对于评奖工作提出高质量发展的要求，避免行业“自娱自乐”既是社会的关切，也是社会的“拷问”。金牛奖评选工作中怎样贯彻落实高质量发展意见？作为金牛奖的评委，我也进行深入思考，十九届的金牛奖，有哪些值得总结的经验呢？我和评委们都有共同的理解，那就是坚持以基金投资者利益为核心，切实提高公募基金行业服务资本市场改革发展、服务居民财富管理需求、服务实体经济与国家战略的能力，正确处理好规模与质量、发展与稳定、效率与公平、高增长与可持续的关系，切实做到行业发展与投资者利益同提升、共进步。

私募金牛奖诞生记

国信证券基金评价与研究中心原首席分析师　杨　涛

时光荏苒，转眼间，中国私募金牛奖已成功举办了十三届。历届金牛奖得主整体上展现出业绩优秀、运营稳健、合规严谨的风格并不断发展壮大，中国私募金牛奖逐渐深入人心，成为各方投资人信赖的投资风向标。

中国私募金牛奖的前身是中国阳光私募金牛奖，直到2014年《私募投资基金管理人登记和基金备案试行办法》发布、登记备案制度全面实施，才改为现名。作为首届阳光私募金牛奖评选方案的设计者之一以及多届评委，本人对私募金牛奖的成功无比欣慰，也非常感慨。因为没有公开的业绩和规模数据，当时很多人认为私募评选不可能做成，但最后的结果却是：阳光私募金牛奖不但从无到有办了起来，而且首次评奖就因评价体系的科学性得到了业界的高度认可，打造了私募评选的标杆。

虽然十余年过去了，但一想起当初讨论构思评选方案的点点滴滴，就历历在目如同昨日。中证报和各家评委单位当时表现出来的勇气与远见卓识，以及那种对评价体系科学性的不懈追求，正是阳光私募第一次评选即成功的决定性因素。笔者相信，阳光私募金牛奖过去十年的成就以及未来的生命力亦源于此。

天时地利人和

2009 年初，阳光私募基金产品的数目冲到了 160 多只，而且增长速度非常惊人，来自券商派、公募派、民间派的投资人各显其能，让广大投资者眼花缭乱。

面对阳光私募基金行业的蓬勃发展，在 2009 年初中国证券报社与国信证券的一次业务洽谈中，国信证券机构业务总经理杨均明向中证报当时的华南业务负责人赵维提出，阳光私募基金会越来越多，其间良莠不齐，是不是可以举办阳光私募金牛奖评选，帮投资者把那些优秀的阳光私募基金选出来。他的提议还基于这样的考虑：国信证券的阳光私募基金研究已经有较好基础，且很多阳光私募基金产品在国信核心营业部都有落地，数据的真实性有保证。在评选的过程中，国信证券可以提供有力的专业支持。杨均明和赵维两人分析了设立阳光私募金牛奖的条件以后，认为值得深化探讨，各自向双方领导汇报并与业务部门沟通，很快就得到了明确地肯定与支持。

2009 年是中证报公募基金金牛奖评选的第五个年头，凭借着对客观业绩数据为主的坚持，公募基金金牛奖受到了资产管理行业的高度评价。很多基金公司拿到金牛奖后，甚至自己会在机场买广告牌来宣传，这在相当程度上又起到了金牛奖的广告推广作用，金牛奖可谓大放异彩。中证报在坚持做好公募金牛奖评选的同时，也一直关注着阳光私募的蓬勃发展。国信证券相关人士的提议，可谓正中下怀。

为了把评选工作做好，中证报安排首席经济分析师卫保川牵头，同时派基金部王军、深圳站易非对当时一批阳光私募进行了调研摸底。他们在调研中了解到，很多阳光私募基金认为评选相当有必要，而且很迫切。一批公募基金出身的阳光私募基金经理更是有些激动，他们认为金牛已经成为公募基金经理追求的最高目标，没想到投身阳光私募基金之后，还能参评金牛奖。他们也鼓励说，只要秉承公募金牛奖的优秀基因，把评选方案设计完善，阳光私募金牛奖同样会很成功。

调研过后，双方决定各出精兵强将筹备首届阳光私募金牛奖评选活动，中证报这边是首席经济分析师卫保川领衔，团队由基金部王军、深圳站易非等人组成。国信证券主要是由机构业务总经理杨均明和时任经济研究所副所长、金融工程部负责人葛新元领衔，团队由当时作为国信证券基金评价与研究中心负责人的我等多人组成。

九龙湖会议开到凌晨一点

2009 年 12 月 5 日，这是重要的一天。中证报与国信证券双方代表当天正式在广州九龙湖开会，确定了首届阳光私募金牛奖的评选规则。当天的会议议题很多，时间拉得很长，从下午一直开到凌晨一点。

阳光私募评选其实有诸多难点需要解决。首先是私募的业绩数据不公开，且很多私募基金对客户公布业绩的日期也不是同一天，需要进行数据清洗和比对；其次是私募基金不用公告季报和年报，难以进行业绩归因分析和判定投资风格。正是因为有这些难点，很多市场人士认为阳光私募评选是一个难题。

面对这些问题，双方一直反复讨论如何解决，半年多的时间里，我们前后三次去北京的报社总部，中证报卫总也来深圳两次，其间也多次电话讨论。在达成初步共识的基础上，双方决定在 12 月 5 日开一次正式的碰头会，把《首届金牛阳光私募评选规则（征求意见稿）》定下来，同时决定 12 月 16 日在深圳举办首届阳光私募金牛奖评选启动会议，在这次启动会上，发布评选规则，请参会的阳光私募基金管理人提出修改意见。

九龙湖会议确定了评选的三大原则：一是报名制，以此突破私募评奖的瓶颈。参评阳光私募基金要按照要求，报送阳光私募产品成立以来的历年管理资产规模、单位净值等诸多翔实数据，为评选提供有效参照。并且鼓励私募基金不管业绩好坏都要持续参加，年年报名者有加分。二是坚持量化为主、业绩主导的原则，这一点实际上是传承了公募基金金牛奖评选成功的基因。三是要进行实地调研，对于参评的公司，评委要组成调研小组，进行实地调研，从公司规范度、团队规模和资历以及投研理念等多个方面进行考察，为定性分析提供有效参照。

在评选设立之初，中证报就特别强调评选对行业的引导作用，那就是推进行业“阳光化”的进程，促进行业向规范健康的方向发展。为此，双方经过讨论，特意针对行业鱼龙混杂的局面，为阳光私募做了一个清晰的界定，即阳光私募是指经过监管机构备案，由信托公司担任受托人，资金实现第三方银行存管，有定期净值公布及业绩报告的，投资于证券市场的非结构化的证券投资集合资金信托计划，阳光私募管理公司指担任证券信托投资顾问的相关机构。从某种意义上讲，金牛奖评选也是在为私募行业正名。

在九龙湖会议上，中证报还决定邀请天相、海通、招商三家研究机构也作为评委，中证报阳光私募金牛奖评选的团队班底由此基本形成。四家国内顶级基金评价机构的加盟，为阳光私募金牛奖评选提供了最专业、最强大的支持。我也在与其他基金研究同行的交流中，受益颇丰。

不完全看重业绩

来自宁波的私募基金泽熙投资一直是江湖上很神秘的存在。一方面，2009 年泽熙成立之后，几只私募产品一直业绩不错，他们也很希望拿到金牛奖，所以多次报名参加；另一方面，坊间关于他们的传闻也一直不断，业绩归因难以追溯。

几位评委对泽熙都很感兴趣，所以就约了实地调研，想去与公司负责人聊一下投资理念。但很可惜，去了两次，每次都是交易时间。泽熙研究部的人出来接待大家，告诉我们，公司负责人交易时间要盯盘，从不见客。他们与评委们谈了与公募基金大致一样的价值思路，与坊间传闻迥异，这样的解释，无法解除评委们的心中疑惑，走出大门时，大家议论纷纷。

一方面是尽调时的沉默，另一方面是坊间传闻的甚嚣尘上。在这种情况下，每次金牛奖评到泽熙时，评选工作组都觉得还是慎重为好。从第一届到 2015 年的第五届，尽管泽熙在上海滩发展势头猛，但这位当年的“私募一哥”

一次金牛奖都没有评上，直至2015年11月东窗事发。

看重业绩，但又不完全看重业绩，更注重业绩归因分析，同时注重风险控制。这正是金牛奖对泽熙这家当年“私募一哥”关上大门的原因。

阳光私募金牛奖在第二届评选时，还发生过一件事情让我印象深刻。2010年，常士杉管理的世通1期收益率高达96.16%，是2010年阳光私募产品的冠军。但在第二届阳光私募金牛奖的榜单上，常士杉榜上无名。为何冠军没拿到金牛，不少人有些困惑。

评选工作组的考虑其实非常专业和细致，特别注重私募管理人的长期稳健盈利能力，始终把业绩持续性作为重要考察方面。世通1期2008年2月18日成立，2010年10月份才回到面值以上，净值回撤过大，而且与公募基金强调相对收益不同，阳光私募是强调绝对收益，面值以下的净值增长其实是属于无效增长，尤其此期间增长没有提取业绩报酬，净值收益率比面值以上多出约20%，量化结果失真。基于以上考量，所以2010年的冠军基金并没有站上金牛的领奖台。为此，中证报还专门发文解释了世通1期未能入选的原因，并希望他们在2011年再创佳绩用时间来证明自己。这个案例充分有力地说明了金牛奖评选的科学性，也充分说明了评委们的定力，知道冠军未被评上可能招来非议但仍然坚持了自己的专业判断。

第一届评选的奖项类别并不多，分别包括“金牛阳光私募管理公司”“金牛阳光私募投资经理”“阳光私募管理公司金牛进取奖”和“阳光私募管理公司金牛创新奖”四个大类。在后来十余年的进程里，伴随着私募基金产品的多元化，私募金牛奖也不断进化，奖项类别不断丰富，充分体现了与时俱进的特点。但其重客观业绩、重实地调研的特点并没有变，寻找最有耐力的金牛、促进私募行业健康发展的初心没有变！

作为最早有幸参与阳光私募金牛奖评选框架设计的一员，十三年来，目睹着一批批新老金牛私募茁壮成长，我切身感受到了中国证券报对中国私募基金行业规范化和阳光化做出的重大贡献！目前，我已离开国信证券多年，回顾来看：秉公而论，中证报与国信的这项合作，确实是在正确的时点找了正确的人做了正确的事，双方充分做到了优势互补、优化配置，取得了超预期的突出成果，这也是本人职业生涯中最值得骄傲的回忆！

长风破浪会有时，直挂云帆济沧海！祝愿中国私募金牛奖越办越好，成为推动中国私募基金行业健康和规范发展的巨擘！